未來關我什麼事？

點擊跨世代超連結，開啓永續發展的哲學式思辨

WHY WORRY ABOUT FUTURE GENERATIONS?

SAMUEL SCHEFFLER

山謬．薛富勒——著　邱振訓——譯

導讀

為何要為後代操心？

邱振訓（臺灣大學哲學系博士／專業譯者）

二〇二一年十一月二十九日，西班牙巴塞隆納宣告聖家堂高達一百三十八公尺的聖母塔封頂完成，並於十二月九日在聖母塔塔尖上點亮十二芒星，完成了封頂祝聖儀式。這座教堂從一八八二年開始興建，至今已經一百四十年，一手設計教堂模樣的建築師高第也早已作古多年。我看著這則新聞報導，正感嘆著不知高第若能見到這一幕該有多感動，就在這個時候，聯經出版的編輯來信問我願不願意幫《未來關我什麼事？》寫篇導讀？我二話不說，一口答應。

山繆．薛富勒教授任教於紐約大學哲學系，一九八二年首部著作《反對結果主義》（*The Rejection of Consequentialism*）就一鳴驚人，隨後更陸續出版《人的道德》（*Human Morality*）、《界限與忠誠》（*Boundaries and Allegiances*）、《平等與傳統》（*Equality and Tradition*）等書，而最新的這本《未來關我什麼事？》則可以說是繼先前《我們為何期待來生？》（*Death and Afterlife*）後的又一力作。猶太裔出身的薛富勒教授十分關注社群傳統與道德之間千絲萬縷的緊密連結，更擅長就近取譬，以生動活潑的思想實驗直指人人心中的保守面向，在崇尚功利、講求效益，只問結果、不擇手段的這時代裡，點出真正深植人心的永恆渴求。

在《我們為何期待來生？》中，薛富勒借用小說《人類之子》中的情境來設想一個思想實驗：假設你確知儘管自己能夠安享天年，但在你過世三十天後，地球將因遭受巨大的小行星撞擊而徹底毀滅，那麼你對於自己現在所從事進行的種種活動、計畫、事業，會不會有任何態度轉變？儘管這個情境純屬想像，但薛富勒從對這個情境的思索中，整理出我們一般人面對這情境的態度變化具有三個重要面向：非經驗論的面向、非結果論的面向，以及保守的面向。這表示我們未必要實際體驗這種情境也會對這想像於心不忍，而且不管這情境究竟是否會產生最佳結果，我們都會有些抗拒與不悅；更重要的是，這情境顯示出我們對某些人事物的依賴眷戀，會強烈到我們期盼能夠永久保存、維繫這些人事物。

薛富勒從這三個重要面向細膩分析，指出我們真正該在乎重視的其實是以人類整體為考量的「群體來生」。接續《我們為何期待來生？》一書談我們如何看待死亡的論點，薛富勒在《未來關我什麼事？》中將重點轉移到闡述我們與未來世代之間互賴互存的緊密關聯。

薛富勒在第一章開宗明義就直指我們在整體思維上的一項重大缺陷：儘管

我們如今對於全球化、全球整合等領域的思索及合作上已經有了顯著進展與成果，但是在時間向度上卻缺乏同樣包容古人、涵蓋後代的思考，更遑論具體作為。以氣候變遷議題為例，各國在制定排碳相關政策的時候，應當考慮到這些政策會影響到接下來尚未存在的未來世代，但是我們卻往往侷限於自身所處的這個時代，以我們所在的時代為考量依據，難以衡量在當下尚未出現的將來人口究竟該在決定政策時佔多少份量。我們自然而然會抱持的這種不對稱態度，使薛富勒放棄以效益主義或正義原則為構想理論的根據，試圖在歷來思路的侷限外另闢蹊徑，找出我們之所以應該為未來世代操心的價值理由，也就是接下來兩章〈愛與利益〉和〈評價與互惠〉的主要內容。

對於未來世代的關懷（或者說是愛）說起來似乎非常直覺，但其實要仔細闡明並不容易。薛富勒再次利用《我們為何期待來生？》中所舉的思想實驗來指出愛這種直觀理由，其實並不只是出於我們對自身血脈傳承的盲目眷戀，而是出於對整體人類存續的在乎。更何況，我們當前的許多活動之所以有價值、有意義，也正是因為這些活動、計畫、項目、事業的根本價值，有一部分就根植於未來世代的存在與接納。更進一步說，倘若我們會愛惜、珍視某些人事物的這種現象再也沒有未來世代繼續傳承而消滅，光是這件事情本身就足以令我們消沉痛苦，這就證明了評價活動本身的意義，也足以成為在乎未來世代的理由。

這四大理由中最複雜的是薛富勒所稱的「互惠理由」，既然我們與後代之間有著時空不對稱的關係，如何能夠彼此「互惠」？薛富勒說，這裡的關鍵不僅在於我們與未來世代實際上在各方面的相互依賴，更是在於我們將這份互相依賴的關係當作彼此合作的行動理由。基於這樣的理由，我們會願意為後代子子孫孫多設想一些、多採取一些考慮到他們福祉的行動。

點明了我們應當為後代操心的四大理由後，在第四章與第五章中，薛富勒更細膩地抽絲剝繭，分析他所列舉的這些理由確實為真。這裡尤其可以看出薛富勒一貫的保守主義立場，特別著重在我們身而為人自然會有的保守傾向上加以剖析，並且論證這種觀點所提供關懷後代的理由有別於依據某種特殊人口價值判準構想所訴諸的關懷理由。

不過，說到保守主義，薛富勒所採取的保守主義並不是一般指稱在政治方面的保守主義，也不是重視既有事物勝過其他事物的立場，而是根據對人性的觀察，接受我們會對自己所珍視的事物抱持著一份關懷在意，不願它們損傷毀壞。由此而論，薛富勒對於應當替未來世代操心所提出的理由，可以說是一份保守主義的宣言：儘管我們在各方面難免囿於當下時空，但是我們確實有許多好理由關心未來的世世代代。

這本書的底稿根據的是薛富勒教授在牛津大學上廣講座（Uehiro Lecture）的三篇演講講稿，並參考了來賓問答修改擴充而成。但凡這類連續幾日的學術講座，來賓問答時間的機辯交鋒往往是與會者最感興趣的部分，不僅能夠從其他人的問題裡察覺自己在聆聽演講中未必留心的思辨角度，也能從演講者的思考回答中斟酌衡量這番理論學說的長短優劣。雖然將這些問答環節形諸文字時不免略失臨場口手並用的風采，但讀者諸君在每讀一章之間仍不妨暫停半日，略加思考方才所讀章節中所提出的論證理據是否能令自己信服。若有疑問，亦可提筆記下，等待明日繼續讀了次章或全書讀畢後，再重新檢視自己先前所想到的這些問題是否有了滿意解答，或是仍然有待商榷。市面上的哲學書籍多以介紹性內容為主，雖然多半號稱鼓勵思辨，但是真正像本書這樣可以彼此攻錯的作品實在罕見。

為文之際，正值國內舉辦公民投票之時，新聞報章、社群網站、廣播電視鎮日大談核四、藻礁議題，正反立場各家名嘴紛紛都說此次一役於未來影響如何如何。對照聖家堂建造已歷經一百多年，但要到整體完工，仍須不少時日。我不禁心生喟嘆：若是大家都看了這本書，都願意多想想我們有什麼樣的理由替後代操心，是不是就更能好好對待我們眼前的世界，更能好好處理手上的事務呢？

這也許是文人的一片癡心，但是我僅以這片癡心來翻譯這本值得各位一讀的好書。

二〇二二年一月

目次

誌謝

這本小書是根據我二〇一六年一月在牛津大學上廣講座（Uehiro Lecture）的演講內容寫成。我要感謝朱利安・薩福勒斯庫（Julian Savulescu）與牛津上廣實踐倫理學中心同仁的邀約，也感謝他們的熱情招待。參與演講後討論的眾多來賓所提出的精彩問題與評論點撥，在此謹表謝忱。傑夫・麥克馬漢（Jeff McMahan）與珍妮・雷德克里夫・理查斯（Jenet Radcliffe Richards）的提問更是振聾發聵，敦促我大幅修改講稿，才使這本書得以面世。

這本書裡的想法，源自二〇一三年我在普林斯頓國際暨地區研究所發表的短講，我要特別感謝梅麗莎・連恩（Melissa Lane）與羅伯特・索寇羅（Robert Socolow）的邀約。在準備上廣講座的內容以及事後彙整出版的過程中，我有幸在不同場合由各地聽眾提供指教，包括二〇一五年史丹佛大學的雷蒙・威斯特紀念講座（Raymond West Memorial Lecture）、二〇一五年春季在德拉瓦大學的大衛・諾頓紀念講座（David Norton Memorial Lecture）、二〇一五年敏紐大學布拉加倫理學及政治哲學講座（Braga Meetings on Ethical and Political Philosophy）的主題演講、二〇一六年多倫多大學的傑瑞米・西蒙講座（Jeremy Simon Lecture），以及二〇一六年聖約翰大學思辨倫理學論壇的主題演講。各場次聽眾的踴躍討論，均對此書大有裨益，在此由衷感謝。

本書內容多來自我在紐約大學二〇一四及二〇一六年兩年講授研究所專題討論課時所用，初稿則是在二〇一七年由傑伊・華萊士（Jay Wallace）接受柏林愛因斯坦倫理學集團（Einstein Ethics Group in Berlin）贊助的工作坊中彙整集成。感激參與紐約大學討論課及柏林工作坊的學界先進，有他們的批評鼓勵，才有了這本書。

除此之外，在寫作本書期間，我也收到友人對於各版草稿的來函指教。尼可・柯拉尼（Niko Kolodny）、戴爾・傑米森（Dale Jamieson）、傑德・陸文頌（Jed Lewinsohn）、傑克・尼貝爾（Jake Nebel）、德瑞克・帕菲特（Derek Parfit）、彼得・昂格（Peter Unger）、傑伊・華萊士，還有牛津大學出版社所邀的大衛・布林克（David Brink）、傑夫・麥克馬漢，加上一位不願具名等三位審稿人的批評斧正，我由衷感激。本書縱有侷限闕漏，仍蒙各方人士不棄，惠予賜教，再三言謝，難表萬一。

山繆・薛富勒

紐約　二〇一七年八月

Chapter 1

時代本位主義及其不滿

在這本書裡，我想用一種開闊思辨的精神，來探討我們對待未來世代的態度。若我的說法過於抽象複雜，希望各位能夠見諒。我想思索的問題很大、很困難，但是也很重要，甚至很急迫，可是我不覺得哲學家對這些問題盡了該盡的關注。

除了艾德蒙．柏克（Edmund Burke）一派的保守主義份子，以及某些宗教傳統的追隨者之外，大部分活在當代自由社會中的人在思考後續世世代代的人類時，都欠缺一套豐富的評價根據。我們沒有一套關於人類延續意義的精緻觀念，也沒有關於盼望將來所能實現價值的完整想法，更沒仔細發展過為了後代考量，或顧及未來世代而指引自身活動的規範。這種大略的說法要排除掉大家對於後代的命運——主要就是自己的孩子跟孫輩——所懷抱的希望或恐懼，但是這些希望或恐懼通常也只是相當粗淺模糊的印象，往往就是一種希望子孫過得好、擔心他們過不好的一般慾望而已。除此之外，也有許多人對於目前的生活方式對未來世代造成的衝擊隱約感到不安，公眾人物更是會行禮如儀地宣示高呼我們應該要對後代負責。這些宣示有的擺明是投機取巧，但就算真的是肺腑之言，也很少明明白白地說清楚這些所謂的責任究竟指的是什麼。

從某種程度上來說，我們對於人類未來的評價與討論，就和對於人類過去的評價與討論一樣乏善可陳。也許向來就是如此，而且近來也有不少學術風氣不再帶著敬意或崇拜來看待先人，不再認為他們立下了我們賦予其忠誠或是榮譽的理想標準。我認為這些學術風氣包括了傾向個人主義與宗教懷疑主義的風氣，再加上對於文化多元性的日漸讚許，卻同時對民族與種族組織的道德模糊性倍感不安。這些風氣破壞了以往我們認為歷史具備規範意義的概念，但是我們卻還沒能發展出另一套概念和態度能夠取代這些被拋開的部分。

我覺得，我們對自身所處以外的其他時代的思考方式，以及對於自己所居以外地區的思考方式是一種有意思的對照。「全球化」與「全球整合」都在我們這時代最流行的字眼之列，大家都知道，科技的發展急遽地增加了全球交通與通訊的便利性，跨國界的社會與經濟互動也因而達到前所未有的規模。而這又對許多人如何理解社會與自身地位造成無遠弗屆的影響，也帶來與日俱增的壓力，逼得大家必須發展與建構規範全球交通、通訊、貿易、金融等方面的跨國規範與機構。所以無論學界內、外，都迅速燃起了對於例如世界主義、全球正義、人權、國際法等「全球化規範」主題的興趣。

話雖如此，儘管我們在空間上愈來愈緊密結合，但是在時間上卻愈來愈受侷限、愈來愈深植於我們的這個時代裡、愈來愈不能透過豐富的價值與規範體系來看待自己與前人以及後代之間的關係。我們談了許多的全球整合與國際整合，卻很少想到時代整合與世代整合；我們愈來愈察覺到世界上不同地區人民的多元性串聯，但是對於不同世代之間的連結感，和一些重視祖先、後代以及世系傳承等概念的傳統社會相比，卻是愈來愈弱。

到目前為止，我都是在大膽地說著我們在想什麼、我們的態度與信念，這樣肆無忌憚地使用第一人稱複數來談，可能會令某些讀者認為我偷懶或自大，只是把坐在安樂椅中的幻想偷天換日當成是普世真理罷了。不過我之所以用「我們」這稱呼，並不是出於放諸四海皆準的念頭；我在說我們的態度時，並非暗示這些態度就是每個人的態度，也不是預設那就是讀者的態度。事實上，我用第一人稱複數的方式來談，是為了表明我並非僅僅只是在描述我自己獨有的態度，而是試著刻畫出一些信念的類型，希望讀者會接受這確實就是當代思想與論述中常見的傾向（儘管未必普世皆然）。另一方面，之所以使用第一人稱複數的談法，意在強調當我提到這些思考模式有些缺陷或張力時，並未打算將自己撇除在批評之列以外。[1]

我所描述的態度轉變並不是發生在一朝一夕之間。七十幾年前，T・S・艾略特（T. S. Eliot）就談到當時正興起一種所謂新的「本土主義」（provincialism）：「這不是空間性的本土主義，而是時間性的本土主義。」[2] 艾略特是個文化保守主義者，而他在談到時間性本土主義時，最關切的問題是他見到當時社會上對於過去價值與標準的不當評價。不過，引起他關切的那些態度，也可能是一種普通現象的症狀，我稱這種現象為時代本位主義（Temporal Parochialism），包括了我們對於過去以及對於未來的這兩種態度。

我們很自然就會好奇，為什麼地理空間上的本位主義日趨萎縮之際，時代本位主義卻逐漸抬頭？答案乍看之下似乎一目瞭然。我先前提過，這幾十年來，全球交通、通訊、經濟活動急遽成長，而方興未艾的世界主義則是對這些事實的一大回應；不過，在時間方面卻沒有可相提並論的發展。想當然耳，跨越不同時代的交通、通訊或經濟交換並未增加；再說，有許多人已不再抱持著過去的傳統信念，不再接受過去對於世代之間聯繫的想法，即我們找不出可信的說法讓人看重對自己與祖先和後代的關係，讓人認為世代之間是彼此緊密結合的一體。由此來看，我們在空間上愈來愈趨向世界主義，在時代方面卻愈來愈走上本位主義，倒不是太令人意外的事。[3]這種分歧的傾向可能有個共同原因，畢竟這兩者都是受到現代科學興起而產生的：從一方面來說，科學使得世界各地人民的彼此關聯快速成長，促進了發展地理世界主義的傾向；相對於此，科學也破解了許多神話與故事，而這些神話與故事卻是在傳統社會中，世代彼此相連的信念之所繫。

不過，我們會有這種分歧態度也還有其他值得考慮的可能解釋，[4]其中一種解釋涉及到時間形上學的信念變遷。說不定我們對時間的想法，已經從前人那種「永恆主義者」（eternalists）變成了「現在主義者」（presentists）；說不定他們相信過去與未來的事物和時間，都與現在的事物與時間同樣真實不虛，但是我們卻只相信唯有現在的事物與時間存在。這或許可以解釋，為什麼我們雖然在地理上愈來愈傾向世界主義，卻也愈來愈擁護時代本位主義。當然，這種信念變遷本身也需要解釋，在許多人看來，既然這種信念改變得不到現代科學的支持，就更是需要好好說明。[5]有人會很理所當然地說，假如我們比前人更願意接受現在主義，那是因為我們已經不再抱持著那種讓前人覺得自己與祖先和後代彼此相連的傳統信念了。可是如果這種說法沒錯，那我們所謂在時間形上學中的信念變遷，就不是解釋為什麼時代本位主義日益盛行的理由，反而成了得靠它來解釋的項目了。

另一種可能的解釋，則是訴諸我們對自由的理解已經不同了。根據這種說法，我們現代人愈來愈重視的，是能夠追求當前的目標、試圖滿足當前慾望的那種自由，這會讓我們厭惡來自祖先與後代——活在過去與未來的那些人——以及來自我們現在無法接受的傳統所提出的要求。[6]而這種只看重現在的自由概念，也可以相容於我們應將自由範圍延伸至全球而非僅限於國內的政治制度觀念。因此，就算我們的確有些接受某種時代本位主義的理由，這些理由卻未必要反對地理世界主義。當然了，對這種說法同樣可以再想想是誰來當解釋項，又是誰成了被解釋項。說不定日漸蓬勃的時代本位主義能夠解釋我們為何對只看現在的自由概念愈來愈看重，而非相反的情況。不過，我們對自由的理解有所轉變，確實是一種可能的解釋原因。

還有一種可能的解釋，是政治原因。就我的觀察，地理世界主義的興盛不僅是一種道德進展，也是政治與制度的一大躍進。世界各地的人都處在同一套全球政治之中，在這座論述競技場裡，各種論證彼此辯駁、各家利益相互競爭，政策屢經爭辯，行動方不得不察覺自身行動對他人的影響及其可能的反應。就我們在地理空間上愈來愈世界化這件事來看，這多少意味著全球政治也正在擴張。全球政治愈來愈全面、愈來愈包山包海，制度上也愈來愈複雜抽象。[7]當然，這些進展都十分複雜，而且也容有不同的詮釋。但是，無論如何詮釋，總會與時代問題形成強烈對比，畢竟世上現在既沒有任何跨時代政治，也不可能出現這種東西。我們既不會、也無法參與其他時代的人類所共享的那套政治，過去和未來世代也同樣無法在我們的政治中替自己的利益發聲。這並不是說某個世代無法影響後續世代的政治生活，這種影響無孔不入，也因而引起傑佛遜式的反駁看法（見註4），反對讓前人的亡者之手緊攫著活人不放。這裡的關鍵其實在於我們無法與生存時代和我們並不重疊的世代共同爭辯、思考與議論，在這種意義下，我們和他們並未共享同一套政治。除非我們選擇站在他們的立場替他們說話，否則他們干預不了我們的政治辯論與思考。再者，對我們同時代的人愈是包容，就可能對其他時代的人愈不包容，因為那些不同時代的人得與同時代的人一起競爭我們所能提供的有限時間、注意力與資源。這話如果沒錯，那也就難怪地理世界主義愈是日漸蓬勃，時代本位主義更會甚囂塵上了。

我所提到的這些解釋彼此並不互斥，也並未窮盡所有可能，我也不打算對這些解釋做出結論，更不打算研議其他的可能性。更何況，我們之所以提到這幾種可能的解釋，並不是要誇大這些解釋試圖去解釋的那些態度。從一方面來說，我們的世界主義本身就是個還在發展中的立場，它表達出了當代思想與實踐中的一種重要傾向，卻也遇到（而且還會持續遇到）許多不同種類的強烈反彈。長期來看，世界主義的態度與觀念在政治與文化上要如何能夠得以確立，我們現在還無法完全弄清楚。至少就目前來說，國家認同與族群認同的呼聲，以及國家和族群衝突的慘況，都讓世界主義的前景看來並不明朗——這還只是好聽的說法。[8]相對於此——而且其實更直接與本書的主要論證有所關聯——我倒認為有很多人都對我們這種時代本位主義感到不安。我會舉一些證據來說明我們在對過去世代的態度上，普遍都對系譜傳承以及追溯個人家系頗感興趣。這份興趣的普及程度，表示出有很多人都十分渴望建立起與自己祖先之間的關聯感，將自己與生活在過去時代的先人連結起來。這並不是對過去無感的人會有的念頭，而是渴求歷史的人才會有的想法。

至於對未來世代的態度，也有跡象顯示我們這種時代本位主義其實是導致焦慮的根源。比方說，原本就已經汗牛充棟的末日文學與電影愈來愈多，愈來愈多的小說與電影都在敘述地球毀滅的故事，描繪瘟疫、核子衝突、天體撞擊等災難事件，想像人類即將滅絕或已經滅絕，還有在發生這些事件之後的種種反烏托邦樣貌。說這些末日想像與反烏托邦故事是來自於擔心地球陷入重大危機、擔心後代的命運未定、擔心無力拯救人類未來的普遍恐懼，其實並不為過。這些並不是認為未來世代毫不重要的人會關心的事，而是對人類將來感到恐懼的人心中的擔憂。

我認為，對祖先系譜的興趣和末日文學及電影的流行熱潮這兩組現象所顯示出的不安，恰恰證實了我們對於自己在時間之中的地位，或是我們與生活在其他時代的人之間的關係，欠缺一套可靠、有條理的理解。這份不安也能解釋為什麼蘊含我們對過去或未來世代態度的公共政策，包括從歷史教育到環境保護等種種議題，會經常引發爭議、帶來激辯。這一切都指出，我們的時代本位主義其實不是真相的全貌，與更加傳統和宗教信仰更深的社會相比，我們對於世代關聯之間的理解可能真的薄弱膚淺得多。我們對這些關聯的思考，並未依據十分豐富或明確的價值體系而生，但是卻絕非對自己與先人後輩的關聯不感興趣。而這種對於自身在世系傳承中地位的貧弱思考，也有許多人覺得是個大問題、覺得是一份空虛欠缺，是需要設法解救的價值崩壞。

我至今所談的不只是我們對後代的態度，也包括了我們對祖先的態度。但是，我在這本書裡主要關心的問題還是我們對於未來世代的態度，所以不會再進一步談到關於對自己先人或對過去前人的態度了。這些題目也都很豐富有趣，但就留待他日再談吧。此外，我也不打算繼續追究如何解釋地理世界主義和時代本位主義之間的相互對照。[9]這是個很有意思的問題，但是我在這本書裡想談的並不需仰賴這問題的答案，所以要將這個問題暫且擱下，專注在探討我們對待未來世代的態度所涉及的問題上。

現在鬧得沸沸揚揚的氣候變遷，就是蘊含了這種態度的大眾議題之一。認真思考過這個問題的一派所持的主流觀點，是氣候變遷會對地球造成嚴重威脅，而人類受害尤深。儘管專家學者對於我們要花多少代價才能有效減緩或降低氣候變遷的衝擊意見分歧，但大多數看法都認為那恐怕在天文數字之譜。[10]假設真是如此好了，而且再假設如果沒辦法採取這些減緩行動真的會導致一連串嚴重後果，危害到在我們之後才生活在這世上的人們。這些氣候變遷所帶來的後果有些目前就已經很明顯了，要是真的不靠大家通力合作，在我們有生之年恐怕就會遭受更嚴重的影響，在我們之後才生活在這世上的人所面臨到的影響，肯定會比我們所遭遇的更嚴重。到了最後，地球恐怕就再也不適合人居住了。事實上，就在我寫這一段文字的同一天，《紐約時報》（*The New York Times*）就引用了未具名科學家的說法，認為到這個世紀末，地球就不適合居住了。[11]

如果這是真的，那我們就面臨一項抉擇：必須決定願意付出多少成本、願意改變多少目前的生活，才能遏止或延緩將來造成無數地球生靈落入生存困境、且最終恐怕導致人類滅絕的惡化過程。這項抉擇的具體樣貌，會因人們處於不同社會裡而有所不同，最富庶的國家一直都該為排放溫室氣體這個造成氣候變遷的人為主因負責，而生活在這社會裡的我們，也許就得決定要將生活水準降低到什麼程度。相對地，生活在開發中的社會裡、和我們一樣一心追求富庶生活的民眾，可能就變成要決定願意放棄或延後多少期待的報酬。但是這些選擇都有同樣的架構，富庶國家與開發中國家都一樣要決定現在的人準備付出多少成本、吞下什麼樣的苦頭，才能讓將來的人不用過得更辛苦，讓人類可以繼續在地球上生活下去。[12]

氣候變遷吸引了許多不同領域研究者的注意，其中哲學家更是對這議題所引起的正義與責任問題特別感興趣。[13]按照世上各國各自不同的富有程度、人口多寡、發展程度、溫室氣體排放紀錄來看，各國要負擔何種程度的代價來避免或緩和氣候變遷所帶來的最糟後果才叫做合乎正義？透過現有的國家體制與國際組織能夠處理多少氣候變遷問題，而面對這個問題又需要發展新的全球管理架構到什麼樣的程度？這些新架構應該要是什麼模樣，才能夠滿足正義的要求？個人又該負起哪些改變行為與參與政治的責任，才能夠支持這些對抗氣候變遷的努力？

這些都是很重要的問題。但是在此之前，還有些問題需要先處理。真要說到底，就是我們究竟為什麼應該要在意氣候變遷？尤其是為什麼應該關注那些在我們全都死了之後才出現的氣候變遷後果？如同先前說的，氣候變遷的後果已經清楚有感，而且在沒有通力合作的情況下，甚至即使我們真的共同努力，這些氣候變遷的後果在我們餘生中仍可能愈形惡化。大多數人都同意有理由關注氣候變遷對自身生活所造成的重大影響，而且說實在的，就是因為這些影響這麼嚴重，才更有可能驅使我們設法去處理。不過，假設即使氣候變遷的狀況繼續惡化下去，可是我們大多數人剩下的人生都不用面臨氣候變遷惡化所造成的苦果，還有理由去關心氣候變遷在自己死後對未來世代帶來的種種磨難嗎？如果答案仍是「有的」，那究竟是為什麼呢？

要回答這些問題之前，我想我們要認真看待一件事，就是現在要談的問題是未來世世代代的命運。哲學家有時候會混用「未來世代」和「將來人類」，而在某些脈絡下，這種用法也確實無傷大雅；但是世代這個詞有其特殊內容，而「未來世代」的普遍使用也有其重要意義。這個詞指出了一項事實：未來的人類——也就是現在我們要考慮其生存與繁榮的那些人——並不是只存在於我們思想中散亂無章的一群人，他們對我們來說，是按時間出現、受因果影響的人。

我們所考慮的，是在時序上世世代代傳承的未來，而各代也同樣是因先前世代而孕育生出。當我們問為什麼應該為未來世代操心時，不只是在問為什麼應該在乎未來的人類能否存在，也不是問他們將過得如何；我們問的是儘管我們是藉由世代傳承而生，但為何應該關心這條時序上的世代傳承，是否要在更不利的條件下繼續向未來延伸？這些問題之間的差異非常重要。舉例來說，如果我們問為什麼應該在乎未來的人類，或是我們對他們負有什麼樣的責任，可能很容易就會假定，唯一要考慮的問題就是我們該將他們的利益或福祉看得多重。我們可能不會考慮這樣一種可能性，即未來世代對我們來說之所以重要，可能就是在於他們是我們的後繼者，他們的存在是延續了我們共同身處其中的世系脈絡。所以光是用不同的方式形塑問題，就可能讓我們錯失答案中的重要部份。不過，如果那就是部分答案所在，它其實也近在咫尺，只要我們用到「未來世代」這個詞就看得見。

但是，究竟有誰落在這個詞所涵蓋的範圍裡頭呢？有一種我稱為無限制（unrestricted）詮釋的說法認為，未來世代包括了現在還沒出生、但將來某天可能在世的所有人，這就包括了我們還在世時就會出生的許多人。事實上，既然全世界平均每分鐘大約會有兩百六十七人出生，所以這說法在這一刻會包括你讀完這一章時出生的好幾千人，但是等到你讀完這一章時，他們又不算在未來世代之內了。[14]第二種說法我稱為有限制（restricted）詮釋，認為未來世代這個詞僅指現在世上所有人死去之前都還沒出生的那些人。照這說法，在你讀完這一章剩下部分之前出生的人都不算是未來世代，就連在當下這一刻也不算。

當然了，這兩種詮釋都包含了像「現在」、「還沒」等指示要素（indexical elements），所以「未來人類」在這兩種詮釋中才會隨著這些指示詞所指稱的變化而不停變動。這也提醒我們「未來世代的傳承」這個概念，其實是過度簡化了更複雜的現實情形。新一代的人類不會同時出現，也不會一口氣替換掉先前的各個世代，而是像布萊恩．貝瑞（Brian Barry）所說的那樣：「『世代』是一種將人口替代的連續過程以抽象化表示的概念。」[15]這裡其實有兩點不同，第一點是人類父母通常不會在孩子出生時就死亡，所以無論什麼時刻，人類人口組成永遠都包含了不同世代的成員。第二點在於人類世代脈絡終究是在個人層級上，由個人與其祖先和後代組成，但是這種個別繁衍脈絡並不會依照統一的時間表進行，所以屬於同一個世代的不同人群，往往也是在時間上交互重疊而非完全重合。但我在本書後頭會再強調，我們不能因為有這些差異，就推論說「未來世代」這個觀念的意義只在於當作一種純粹化約論式的理解。換句話說，我們不該假定自己對未來世代的關懷必須要真的關心到某支個別的繁衍脈系，比方說，關心我們自己這一家的後代。說不定，儘管未來世代是一種「抽象化表示」，卻也能出奇地成為我們關心的對象。意思是說，不管我們自己個人有無後代，把人類當作能夠持續繁衍後代的整體來看這件事，對我們來說可能都很重要。不過這裡我話說得有點早了，在後頭兩章會再回來談這一點，說說我自己認為我們確實重視、也應該重視未來世代的理由。

還有更直接相關的一點，就是在有限制詮釋與無限制詮釋之間的這層區別，會影響我們如何理解我所提出來的問題。如果我們採取有限制詮釋的觀點，那麼為何應該關心氣候變遷對未來世代有何影響這個問題就會顯得格外明確；反之，若採無限制詮釋，那我們在問這個問題時所涉及的對象，就有一些是我們可能會遇見、甚至是會與我們建立起重要關聯的人了。如此一來，在無限制詮釋底下，要回答為什麼應該關心未來世代命運這個問題的好答案，就必須考慮到（而且也勢必會影響到）我們可能終究會與屬於這些世代的其中一部分人彼此相連的這個事實了。不過，我想要問的其實是我們為什麼應該關心我們現在活著的人永遠見不到、永遠活在集體經驗界限之外的那些人會面臨什麼命運？為什麼應該為那些我們永遠不認識、身份永遠成謎的陌生人負擔起任何成本？等到他們活在這世上的時候，我們早就已經化為塵土了，那為什麼現在還要考慮他們的命運？為什麼應該為了提升他們的生活品質或避免其惡化，而要在自己的生活品質上有所妥協？說得更極端些，如果我們知道氣候變遷的結果是地球終將不適合人類居住、人類世系在我們自己和所有認識的人全都死光之後才會終結，我們又何苦為此煩惱？如果我們要問的就是這些問題，那麼對於未來世代這個詞的理解，就要採取有限制、而非無限制的詮釋了。

不要以為只有道德懷疑論者才會提出這些質疑。對於想以較廣泛的人倫關係——也就是一套處理我們與他人之間關係的價值與規範——來思考道德的任何人而言，我們的行動在道德上對於我們與其他現存者都永遠不會親身接觸的那些人究竟有何意涵，仍是撲朔迷離。這些行動當然有某些道德意涵，打個比方，任何可信的道德觀點，都會認為在大量人口集中區設置一枚核子彈，並訂於兩百年後引爆，殺害一大堆現在還沒出生的人是件錯事。可是就這個情況本身來說，現在活著的人在核子彈爆炸時早就不在了，而且他們與到時候核爆受害者之間也不會有直接的人際關聯，則明確的人倫關係可能就未必是能夠明白認定這件事是錯事的判斷基礎了。說得更廣一點，當我們考慮自身行動對於現今人們永遠不會親身接觸的後人有何意涵時，處理我們與同時代人之間關係的道德規範能提供多少指引也尚屬未知。所以，就算我先前提那些問題的重點在於探索我們對於未來世代究竟有何特殊道德責任，也不一定要將其當作是一般道德懷疑論所提的質疑，這些問題反而可能反映出道德在延伸到後世時可能引發的實際難題。

在此同時，大家也要注意我在描述這些問題時，並沒有特別指涉哪種道德觀。這些問題問的是我們關心未來世代的理由，並未假定最後得出的理由一定會是道德上的理由，而且這也不是我們在思考這些問題的可能解答時應該採取的預設。如果我們有理由替未來世代操心，那麼無論這些理由是否在道德領域之內，都仍然是一個理由。

其實，對於為什麼我們應該關心氣候變遷對未來世代的影響，或是關心氣候變遷所造成的人類滅絕危機，答案都必定要援引我在這章開頭討論的價值觀念。這問題的答案一定要引入某些價值概念或是人類存續的重要性，但如果我說的沒錯，我們大多數人其實對這種概念都沒有一套穩定、完善的看法。我們所展現出來的是一種時代本位主義，可是我們在這套本位主義裡並不安穩。至少，在某種程度上，彷彿都會執著於自己在整個世代傳承脈絡上的地位；而這種曖昧態度，也就證實了我們隱約體認到後人的命運蘊含著自己所重視的價值。至少在我看來正是如此。

因此，我這本書的目標就是要發掘出這種曖昧態度的根源。我想主張，對於思考人類未來這回事，我們所擁有的評價資源終究要比自己所了解的還多，而且我們要關心後人命運的理由，也比大家普遍以為的還要更強、更多樣。若我所料不錯，那我們在認識這些根源與理由時，也就增進了對自我的理解，能夠更明白我們自己是誰、更清楚什麼對我們來說才是真正重要的東西。除此之外，我們也能有些實質的收穫。如果我們在思考人類未來時所擁有的評價資源真的比自己所了解的更多，那這些資源也就可能得以應用到當前會對未來世代造成嚴重威脅的種種情勢上，包括氣候變遷以及其他各種問題。

雖說我們對未來如何評估還沒有穩當的思考，關於我們對未來世代的責任這個問題在過去幾十年裡，倒是哲學文獻中日漸茁壯的主題。約翰・羅爾斯（John Rawls）是對這主題最早、也最有貢獻的其中一位哲學家，他的正義理論中就包含了如何在不同世代間分配資源的「正義儲蓄原則」（just savings principle）。正義儲蓄原則有些迷人的特點，但與他理論中的其他部分相較起來，羅爾斯對這項原則的討論卻相當簡短而不成熟，而且對於構成這項原則的基礎說法也一變再變。[16]不過，後續討論未來世代的哲學文獻主要回應的倒不是羅爾斯的看法，而是針對德瑞克・帕菲特精彩絕倫的《理由與人》（*Reasons* and Persons）第四部分來談。[17]帕菲特的這部著作以及他人對該書的眾多回應，大致上採取的是效益主義取向，其主要目標之一是要建構出一套在處理關於未來世代問題時大概可供採信的「慈善原則」（principle of beneficence）。帕菲特心中認為的慈善，是道德中關於「人類福祉」的部分[18]，但對效益主義者而言，這其實就是道德的全貌，[19]但是帕菲特用「慈善原則」而非「效益原則」來談道德的這一部分。他說他之所以如此，是因為雖然效益主義者認為關於福祉的原則就構成了道德整體，但是有些非效益主義者會認為這個原則只是他們較宏觀道德中的一項要素而已，還有其他像承認個人的種種權利等要素。[20]所以說，「慈善原則」這個詞只是帕菲特拿來稱呼關於福祉的原則，這個原則在某些效益主義者看來就是構成道德的全部；而在某些非效益主義者的理論中，則只是構成道德的其中一項要素而已。帕菲特希望，若我們能有一套恰當的慈善原則，就能讓我們在評估會影響未來世代的行動與政策時，好好地在這些將來會問世的人口數量與現在在世人民的生活品質之間做出衡量；也能夠藉以解決我們的行動可能會影響將來後人這回事所引發的種種疑難。這些問題、疑難以及種種類似的麻煩，都替「人口倫理學」（population ethics）領域畫出了範圍。

在談到我們對未來世代有何責任時，效益主義的看法長期以來都扮演著主要角色，一部分原因是因為效益主義的基本理念——要求「成就最大善」的命令以及「善就等同於快樂、幸福或福祉」的主張——會讓未來世代的地位成為道德考量的明顯對象。如果我們考量的是提升幸福，那麼未來人民的幸福馬上就會顯得與現存者的幸福同樣要緊。當然，效益主義除了讓問題變得更明顯之外，也對這些問題提供了解答。我們對於未來世代究竟有何責任，幾乎每種常見的效益主義都有各自的明確說法。

從某種程度上來說，這的確反映出了效益主義傳統在歷史上的長處之一。效益主義者因為專心一致關注究竟什麼能夠增進幸福或福祉，所以對於那些會限制福祉考量範圍的道德特徵，就算自古以來大家都認定這些道德特徵有多麼根本，他們也從不將其視為理所當然。比方說，他們就拒絕假定人類以外的動物所受的苦難比不上人類所受的苦難[21]，或是假定遠方人民所受的苦難比不上我們同胞所受的苦難；同樣地，也會拒絕假定未來人民的幸福不能與我們同時代人的幸福相提並論。職是之故，效益主義者一向都會率先強調要對非人類動物予以合乎倫理的對待、富人與富庶社會有消除全球貧困的義務，當然也包括了我們對未來世代負有責任等種種議題。效益主義者在提出這些問題的同時，也施加了擴張我們道德關懷範圍的壓力。既然效益主義者與非效益主義者都同樣認為，愈來愈能包容的傾向是現代道德思潮中最重要的成就之一，則效益主義者這種觀念裡強調包容的壓力，對非效益主義者而言也同樣會有效。所以無論非效益主義者對效益主義者關於動物的倫理對待、全球貧困和未來世代等問題的答案有何看法，往往都不會否認這些問題確實相當重要。

這也指出了能解釋效益主義的想法之所以在討論關於未來世代的議題時，會如此風行的另一個原因。整體來說，雖然有少數例如羅爾斯這樣的傑出例外，但非效益主義陣營向來總是較晚才對這些主題發展出他們自己的路數來。[22]這有一部分原因至少是像帕菲特所說的那樣，是由於某些非效益主義者在他們的道德觀中會採納一般性的慈善原則，而且他們也與效益主義者同樣會將慈善當作是我們對未來世代之責的最終根源。但也是因為大部分非效益主義者的觀點，至少在理論上缺乏了效益主義那種能直接套用在幾乎所有道德實踐問題上的簡單架構，單就非效益主義者的觀點會包含慈善原則以外的要素這一點而言，在關於我們對未來世代的責任這一問題上，要將這些其他要素涵納其中的可能說法，則往往語焉不詳。[23]

不過，雖然效益主義的觀念在討論未來世代的文獻中居於主流，但我並不會採取效益主義的觀點來處理這個題目。我不會追求一套能夠指引我們以考慮未來世代的想法來行動的慈善原則，我也不打算把討論拉到人口倫理學問題上。我之所以這麼做的理由，在這一章的開頭其實就說得很明白了。我感興趣的是未來世代如何連繫到我們的實踐考量或評價思考，或是在這些思考中佔據什麼地位的大題目，我關心的是我們對後人會抱有何種希望，我在意的是後人的生存與繁榮對我們有無意義、為何重要，我在乎的是我們之所以要關心後人命運的理由會是什麼。從這角度來看，我們對後代有何道德責任或義務——無論我們是以效益主義或非效益主義的方式來考慮這些責任——其實只是值得考慮的問題其中一部分子集而已。各種不同價值在我們對未來世代的反思中都可能會扮演重要角色，但這些價值卻未必會以道德義務的形式呈現。更何況，要聚焦在高度道德化的責任與義務問題上，就得付出代價。這種聚焦討論可能比較會使人不去擴大思考我們對人類在地球上延續的各種意義與價值；這可能會讓我們以為未來世代對我們而言之所以重要，只不過是因為他們會令我們原本就已經相當沉重繁複的義務百上加斤，而在我看來，這種想法實在錯得離譜。若真長此以往，可能會造成眾所皆知的義務疲乏問題，而且也會使我們看不見，或是無從顧及我們的價值所指引出的某些未來重大方向。

但即使是在道德責任或義務的範圍裡，只將重心放在談論慈善責任上，我也覺得不對。剛剛才說過，效益主義由於專注於將幸福或福祉極大化，所以其長處就在於擴張了道德關懷的範圍，將過去排除在外的群體包容進來，像是人類以外的動物、遠方民眾、未來人類等。但是效益主義的長處卻也正是其短處，聚焦在將幸福極大化這件事，讓效益主義得以提出對先前遭排除的群體如何能合乎倫理地對待的重要問題，但偶爾也會使他們對這些問題提出相當難以置信的答案來。舉例來說，儘管大家最熟悉的效益原則好像能對人口倫理學提供清楚的解答，但是這些答案對大部分人來說，卻顯然是無法接受的作法。好比說，效益主義的「全體」（Total）版本會教我們應該將所有人類的加總福祉極大化；這似乎蘊含了我們在道德上必須增加人口數量，因為每新增一人，就淨增加人類加總福祉一分，就算這樣會使得每人福祉的平均水準嚴重下降也在所不惜。[24]或者也可以換成考慮「平均」效益主義的主張，教我們極大化眾人的平均福祉而非全體福祉總量。按照這個版本的看法，人口多寡本身並不重要，只要組成成員平均起來能享有最高水準的福祉就好了。在某些情況中，這種要求可能會培養而且維持一群人口相當稀少，卻容易獲得快樂也易於滿足的群體。而這兩種立場的講法，對大多數人來說都實在是難以置信。[25][26]

帕菲特自己仍堅信全體效益主義與平均效益主義所提出的答案都不可信，而大多數講求慈善的討論文獻，也都專注於設法解決這兩種效益主義外其他可信觀點所產生的種種疑難。他們想找出一套慈善原則，設法使這套原則在處理人口倫理學問題時不致流於生出「荒唐」、「恐怖」、「可笑」或其他難以接受的結果。不過，雖然這幾十年來討論我們對未來世代有何責任的哲學文獻以尋求這套適合的慈善原則為大宗，卻始終不得其果。[27]

我們要怎麼詮釋這件事實的重要性，端看我們自己較全面的道德觀為何。對效益主義者來說，慈善就是道德的全貌，所以找出一套合適的慈善原則就能夠對於我們對未來世代有何責任提供完整的解答。要是沒有一套合適的慈善原則，不光是我們對未來世代的責任曖昧不清，就連道德的所有內容也都將淪為空談。這就讓尋求這套原則——即帕菲特所謂的X理論（Theory X）——成了首要之務。但是對非效益主義者而言，慈善最多只是道德的其中一個面向，而且即使它是道德的諸多要素之一，我們也未必就需要一套像效益主義者追求的那種極端普遍、從全體與平均效益原則提煉而出，但能免於它們那些不妙結論的慈善原則。對非效益主義者而言，其實也難說我們真的該期待所有人口倫理學的問題都能找出解答。帕菲特說X理論「在應用到我們做出的所有選擇，包括會影響未來人類身份與數量的那些決定時，都能夠得出可以接受的結論。」事實上，他更說：「在一個完備的道德理論中，我們終究無法避免世上究竟會有多少人的這個問題。」[28]而這個問題本身也完全不是由得我們選擇的決定。不過，非效益主義者未必會認為講求道德理論與其完備性都非得面對這個問題不可，有些非效益主義者更不認為自己了解「世上會有多少人」這個問題究竟在問什麼。況且，非效益主義者也未必會同意我們應該設法追求一套在應用到人類所有選擇時，都能夠得出可接受結論的慈善原則。

但要是以為非效益主義者可以不靠普遍的慈善原則解決問題，那可就大錯特錯了。如我先前提的，帕菲特說到很多人所接受的理論會包含一套普遍慈善原則和一組用以限制慈善範圍的權利說法，[29]所以看起來只要稍微可信的非效益主義觀點，也必須要包含這樣的原則才行。畢竟，慈善以及相關的博愛、自由、人性等觀念，都是道德思想中歷史悠久的觀念，遠比效益主義本身的歷史更古老。更何況，非效益主義者也有自己的一套理由來區分慈善與正義，視這兩者各自界定了道德內容中的重要部分。不過，慈善與其他相關觀念自古以來就一直有各種不同的理解方式，而慈善與正義要如何區分也同樣各家爭鳴。[30]在我們這時代裡，非效益主義者通常會接受有時歸屬於慈善而非正義的人道主義之責，但這些責任往往都只會被當作是道德底限的要求而已；這些要求闡明了我們有即使互不相識，也該救助急難的責任。相對於此，效益主義者所謂的「慈善原則」則只是要求我們做好事的一般性命令，是根據全體效益原則與平均效益原則本身形塑出來的原則。雖然有些非效益主義者會接受這種慈善原則，將其當成他們道德觀中的一項要素，但其他人卻未必接受這種觀點。

我們也許可以用一些詞彙來指出這兩種非效益主義者的差別。我會稱將慈善當作道德觀其中要素之一、接受效益主義式慈善原則的非效益主義者為包容論非效益主義者（inclusive non-utilitarians）[31]；而不接受這個原則的非效益主義者，我將稱之為排除論非效益主義者（exclusive non-utilitarians）。為了方便起見，我會說包容論非效益主義者接受「效益主義式慈善概念」，而排除論者不接受；而且如我先前所說，有許多排除論者會有自己的慈善觀念，而這些觀念我就稱為「非效益主義式慈善概念」。雖然這些非效益主義式概念彼此間各有不同，但它們都不認為慈善就是一種叫人「做好事」的一般性命令。

這並不是說排除論非效益主義者考慮未來世代時，完全不會想到先前提到那些關於慈善的考量，[32]也不是說排除論者就能免於追尋效益主義式的慈善原則時所遭遇的種種疑難與悖論。不過，排除論非效益主義者對慈善的詮釋是否真的會面臨這些疑難悖論，至少到目前都還沒有定論。由於沒有仔細考察研究過，我們無法確定這些疑難的根源，說不定問題反而是出在只有效益主義者（與包容論非效益主義者）對慈善的本質所做的假設，或是出在他們想尋求的慈善原則本身那種獨立於脈絡之外，可以廣泛適用的性質上。[33]即使並非如此——也就是即使非效益主義者對慈善的概念和效益主義者的概念都一樣會在人口倫理學問題上遇到麻煩——因為無論是包容論或排除論非效益主義者，都會認為在慈善之外還有其他道德觀念，這就表示他們還有獨立的道德根源，值得在處理未來世代問題時一探其重要性。因此，從非效益主義者的觀點來說，就算是只限於在對未來進行道德反思的這個脈絡之中，專注於強調以慈善為基礎的責任也會是個錯誤。34

我已經解釋為什麼不打算以效益主義或以慈善為基礎的方式來討論未來世代，這種建構討論的方式，容易將我們的反思限縮在道德義務與責任的問題上，但我更想談的是未來世代如何連繫到我們的實踐考量或評價思考，或是在這些思考中佔據什麼地位的大題目。而且就算談到道德義務與責任，我認為只專注或主要考慮慈善義務也是錯誤的作法。在人口問題上，效益主義者與包容論者想尋求的「慈善原則」本身，至今仍是這項原則所引發的疑難中最深刻、最棘手的關鍵。可是排除論非效益主義者並不認為我們需要這項原則，而且包容論者與排除論者都還有其他攸關未來世代的道德觀念，不容我們忽視。所以，既然我們希望對未來進行道德反思，就不該畫地自限，只考慮人口倫理學，也不該只從慈善這方面來反思相關的議題。

我不用效益主義式的慈善概念來談未來世代的問題還有另一個理由，因為這種觀點除了先前所提到的問題外，還有更進一步的限制。這種談法會問我們要如何將未來人類的福祉納入決策與行動的考慮之中，而且會誘使我們回答說要找出一套合適的慈善原則來當作指引，所以這種談法從一開始就已經將議題當作只能從未來世代的幸福或福祉來談了。但這卻完全忽略了我先前所說關於「世代」這個詞的重要性，忽略了未來世代之所以對我們很重要，有部分原因可能正是在於他們是世代的一員：未來的人類就和我們一樣，都是在同一條人類繁衍脈絡中的參與成員。[35]我會在後續章節中仔細解釋，我也相信這一點非常重要——無論是從道德或非道德層面上看都是如此——若忽略這一點，那可就大錯特錯了。

最後，若是採取純粹的效益主義觀點的話，至少在我們認為大家最好以此方式處理像是氣候變遷與核武擴散等會嚴重威脅後代生存與環境的重大問題時，將面臨一項實踐上的難處。從效益主義的觀點來看，未來世代的倫理重要性在於——大致上可以這麼說——他們具有和我們一樣可能受害或獲益的地位。但是未來世代與其他可能受害者或受益者不同之處，就在於他們根本尚未實際存在。對效益主義的觀點來說，這個明顯的事實反倒成了嚴重的麻煩，因為許多效益主義者都認為同情心是讓大家依循效益主義規範的主要動機。假如我們問有什麼能穩定地讓一個人設法促進所有人的幸福，在效益主義傳統中的一般回答，大都是訴諸我們能夠同情、認同他人的能力。有很多非效益主義者會認為，一般而言，同情心在人類心中未必是種足夠強烈而且可靠的特徵，可以據此當作道德動機的穩固基礎。不過，無論贊不贊同這些一般性的質疑，各方陣營都同意，如果我們直接生動地面對遭受苦難的他人時，像同情心這樣的動機會是最能夠激發道德行為的動力。比方說，要是發生天災，靠電視傳來的受難民眾影像往往能激起大量援助，但是對待援民眾的抽象描述就較少獲得迴響。可是我們在考慮未來世代生活時，最欠缺的就是那份直接生動。[36]所以無論各位覺得效益主義的動機說法有多麼可信，我們也總會找到理由，認為效益主義的推理方式不太能激發我們為後代子孫做出什麼強硬舉動。

先前也提過，未來世代永遠不可能在跨時代政治爭辯中代表自己登場、為自己利益出聲，這件事就會使這一點更顯得重要。儘管如此，任何針對威脅未來世代的問題所做的努力也總得要透過某種政治運作，所以要驅使這種政治運作，而且足夠普遍刺激生者採取行動的動機是否存在，就成了真正的問題。如果這種政治運作只能靠效益主義的道德理論所呼籲的那種同情心來推動，那我想恐怕希望渺茫了，這讓我們在實踐上和理論上都有了不要僅從效益主義觀念著手的理由。我這麼說，不是要用效益主義的論證來提倡非效益主義的動機，有鑒於先前提到對同情心推動效力的疑慮，我的用意反而是要說我們有其他理由勸自己不要想只靠效益主義的途徑來處理未來世代的問題。如果我們能找到在理智上更有說服力的其他觀點，說不定在實踐方面也同樣能更有效果。

在這一章開頭，我拿了逐漸崛起的時代本位主義與日趨蓬勃的地理世界主義互相對照，指出我們的時代本位主義其實正是我們不安的根源之一。既然有這份不安，效益主義會以相同方式對待時間與空間上的距離，就成了它的明顯優勢。效益原則提供了一套統一標準，教我們如何對待處於不同時空中的他人。但如果大家接受我先前所說的理由，不採取效益主義的觀點，那另一條明顯的路就是尋求一套非效益主義的正義原則，找出另一套同樣統一的標準。比方說，說不定我們可以調和幾種當前流行的哲學理論，像是運氣平等主義（luck-egalitarianism）或羅爾斯的差異原則（difference principle），藉以確立橫跨全世界、縱貫各時代的正義內容。但是我也不打算走這條路。

我之所以不這麼做，至少有三個不同理由。第一，這條路也會像以慈善為基礎的那些論述一樣限縮我們關於未來世代的討論，並且只當作是道德問題，而先前用來反駁如此限縮思路的那些考量，也同樣能拿來反對尋求非效益主義式的跨時代正義原則。其次，我先前請大家注意我們自己對不同時間與不同空間的對象所出現的評價態度愈來愈不對稱時，其實不是在描述關於正義的哲學理論特色，而是要刻畫出我們整體文化中評價思路的特徵。即使有一套哲學理論會對稱地處理時間與空間的差異，也沒辦法藉此消除這種廣泛的文化傾向，而我想探討的，恰恰就是這種廣泛傾向。第三，我在強調我們的態度愈來愈不對稱時，並不是說應該能期待出現完美的對稱態度，我只是說這些分歧的趨勢需要一些解釋說明，而且不管這些解釋為何，許多人所展現出來的時代本位主義形式，都反映出了我們對過去與未來世代的評價思考都有所闕漏。

在這本書裡，我想要探究我們這種本位主義的界限何在，看看在我們的評價思考中，是否暗藏著某些未曾充分體認的觀念，能成為讓我們關心未來世代命運的理由。若有，那也許這些觀念最終能夠幫我們找出處理跨世代事項的必要正義原則。這樣的原則能不能同樣套用到全球正義的問題上，此時也說不得準。不過，在此同時，我的目標並不是要發展出一套非效益主義的跨時代分配正義原則，而是要找出我相信潛藏在我們既有態度裡、根深柢固的某些評價執著（commitments）。我希望透過探究這些執著，可以讓我們更加了解未來世代對我們有何重要性。這就表示，我這本書的目標不是要在哲學上駁斥時代本位主義，也不是要捍衛某種「時代世界主義」（temporal cosmopolitanism）；我的目標是要揭示出，我們對時代問題的態度雖然明擺著是本位主義，但骨子裡其實十分複雜。

談到下兩章的論證，我想未來世代不會只是可能因我們行動而受害或受益的一方。即使我們不再接受傳統那套讓大家相信世代綿延的說法，我們還是會更在意後代的命運，他們還是會深深盤踞在我們賴以為生的價值體系裡，遠遠超乎我們平常的認知。如果這是對的，當我們在思考他們對我們有何重要性時，就擁有遠比平常所知更加豐富的評價資源了。我在接下來兩章裡，會再進一步發展這項論述。我不會探討慈善在我們對後人的考慮中具有什麼樣的性質或範圍；[37]相反地，我要論證的是，且不管關於慈善的考量，我們還有至少四種不同理由試圖確保後人的生存與繁榮，分別是：愛、利益、珍視與互惠。當然，就算我論證成功，也還是沒辦法提供一套完整刻畫我們與後人關係的價值概念。但我希望大家多理解一些我們關心後代之存在與操心他們生活的理由，就能根據這些論證進一步反思，自己在涉及後人命運的時刻要如何採取合理的作為。一旦我們對於包容未來世代的政治爭辯所需的規範性資源與動機有了更完整的看法，那麼就連關於未來世代是否能參與政治爭辯這個問題，看起來也可能有所不同，甚至更值得我們多加操心。[38]

註解

1. 我在《我們為何期待來生？》（*Death and Afterlife*）一書中，引述了大衛．路易斯（David Lewis）的一段文字解釋過我當時使用第一人稱複數的用意。不過這裡我想引用伯納．威廉斯（Bernard Williams）在《恥辱與必然》（*Shame and Necessity*, Berkeley: University of California Press, 1993, p. 171）中的話來說明：

「不只一位朋友在閱讀本書初稿的時候問這裡頭到處提到的『我們』究竟是指誰？這是指處在某種文化情境中的人，但究竟是誰處在那種文化情境中呢？很顯然地，不會是指這世界上的每個人，也不是說西方世界中的每個人都如此。我希望這個詞不是只指已與我有同樣想法的人，我最多只能說我用『我們』並不是一種事先指名的稱呼，而是一份邀請（我相信，在大部分哲學討論中，尤其是倫理學裡頭的『我們』都是這樣用的）。這不是在說『我』告訴『你』我和其他人怎麼想，而是我請你儘量考慮和我一起想些事情，而且或許還需要想到其他事。」

2. T．S．艾略特，《何謂經典？》（*What is a Classic?*, London: Faber and Faber, 1944, p. 30）。他心中所想的這種本土主義認為：「歷史只是典章制度的年份記載，那些典章制度過去有用，但已遭棄置，其中緣故之一是因為這世界是屬於生者所有的資產，亡者根本無權過問。」

3. 可能有人會說拿地理上的世界主義與時代本位主義相比並不恰當，因為「世界主義」這個詞其實是一種誤稱。我們所謂的世界主義，其實是一種對待地球上其他生物的立場，而不是對整個世界所採取的立場。如果在宇宙中還有其他人類零星分佈，而我們又能與他們接觸互動，那才真正挑戰了我們空間上的（或地理上的）世界主義。只不過，就現狀而言，擴大所謂的世界主義，差不多就是拿一種較寬闊的本位主義去替代較狹隘的版本而已，即以地球為範圍的本位主義，取代以國家或部落為範圍的本位主義。可是即使我們的世界主義（我還是會繼續這樣稱呼）真的就只是較寬闊的本位主義，這種形式的本位主義——地理空間上的本位主義——是真的變得更寬闊了，至少在某些方面上來說的確如此，但是時代本位主義就沒有這種情況，所以這兩者之間還是能夠互相對比。

4. 覺得把空間世界主義與時代本位主義的崛起增加相提並論很奇怪的人，可能認為：（A）我們應該是在時間與空間上都更傾向本位主義；或是（B）我們在時空兩方面應該都比較愈來愈不傾向本位主義；或是（C）無論是在這兩方面都變得更傾向本位主義或都更不傾向於此，都比把兩者相提並論來得有道理。湯瑪斯・傑佛遜（Thomas Jefferson）大概會是支持第一種看法的人。傑佛遜反對永久政治體制的觀念，堅稱不能叫前人的亡者之手緊抓著當前世代不放。為了替這立場辯護，他在一七八九年九月六日寫給詹姆士・麥迪遜（James Madison）的信中說：「根據自然律，世代之間猶如獨立國家彼此之間的關係一樣。」（見朱利安・伯伊德（Julian Boyd）編，《湯瑪斯・傑佛遜文集》（*The Papers of Thomas Jefferson*）第十五卷，pp. 392-7）傑佛遜這一類比與其說是否認不同國家之間差異的重要性，毋寧說是強調了不同世代之別的重要性。

5. 這類例子可參見泰德・賽德爾（Ted Sider）《四維主義》（*Four Dimensionalism*, Oxford: Clarendon Press 2001）第二章。

6. 這與反對連帶責任的「自願主義式反駁」（voluntarist objection）有關，我在《國界與忠貞》（*Boundaries and Alliances*）一書中的幾篇文章都討論過，尤其可參考該書第三、四、六章。現代以「現在」為自由核心的概念是傑德・魯本菲爾德（Jed Rubenfeld）《自由與時間》（*Freedom and Time*）一書所涵蓋的廣博主題之一，他在該書中試圖透過另一種自由的時間觀點來建立一套憲政民主理論。

7. 見約書亞・柯亨（Joshua Cohen）與查爾斯・賽博（Charles Sabel）〈政治之中無正義？〉（Extra Rempublicam Nulla Justica?），《哲學與公共事務期刊》（*Philosophy and Public Affairs*）第卅四期（二〇〇六）：147-75。

8. 這幾句話是在二〇一六年英國脫歐公投及川普當選美國總統之前寫的，這兩起事件都顯示出這兩個國家（以及世界各地）反世界主義的情緒有多強烈。

9. 關於時空距離彼此不同的規範意義，有另一種出自非常不同角度的想像探討，見賴瑞・騰姆金（Larry Temkin）〈關於人、地、時的理性〉（Rationality with Respect to People, Place, and Times），《加拿大哲學期刊》（*Canadian Journal of Philosophy*）第四十五期（二〇一六）：576-608。

10. 約翰・布魯姆（John Broome）根據鄧肯・佛利（Duncan Foley）等人的研究，認為要解決氣候變遷問題在原則上可以不用犧牲任何人。見布魯姆，《氣候大問題》（*Climate Matters*, New York: W.W. Norton & Co., 2012），pp. 44-8。

11. 凱洛・戴文波特（Carol Davenport），〈樂觀面對氣候對談中的艱困現實〉（Optimism Faces Grave Realities at Climate Talks），《紐約時報》二〇一四年十二月一日A1。

12. 有許多關於氣候變遷的經濟學模型，都探討了先前提到的時代本位主義與地理世界主義之間的對照比較。這些模型整合了「單一時代偏好」（pure time preference），會導致不顧未來世代利益，但現在世上所有人的利益則全面加權計算。我們對「單一時代偏好」沒有任何相應準備。相關討論可參見戴爾・傑米森（Dale Jamieson）《黑暗時代中的理性》（*Reason in a Dark Age*, New York: Oxford University Press, 2014），pp. 125-6；並見湯瑪斯・謝林（Thomas Schelling）〈跨世代與跨國際貶值〉（Intergenerational and International Discounting），《風險分析期刊》（*Risk Analysis*）第廿期（二〇〇〇）：833-7。

13. 除先前註10的布魯姆與註12傑米森的著作外，還有史蒂芬・賈德納（Stephen Gardiner）《完美道德風暴：氣候變遷的倫理悲劇》（*A Perfect Moral Storm: The Ethical Tragedy of Climate Change*, New York: Oxford University Press, 2011）、亨利・舒（Henry Shue）《氣候正義》（*Climate Justice*, New York: Oxford University Press, 2014），以及西門・卡尼（Simon Caney）關於氣候變遷的許多重要文章。

14. 請見 https://www.nytimes.com/2010/07/30/world/30population.html?_r=0。

15. 布萊恩・貝瑞，〈世代間的正義〉（Justice Between Generations），收錄於《法律、道德

與社會：H.L.A. 哈特紀念論文集》（*Law, Morality and Society: Essays in Honour of H.L.A. Hart*, Oxford: Clarendon Press, 1977），pp. 268-84。此語出自 p. 268。

16. 羅爾斯在《正義論》（*A Theory of Justice*, Cambridge, MA: Harvard University Press, 1971）第一版的第十四節中討論了「正義儲蓄原則」。後來他逐漸修改了他的說法，包括在後來修改過的《正義論》（一九九九年第二版）第四十四節、《政治自由主義》（*Political Liberalism*, New York: Columbia University Press, 1993）第七講第六節，以及最後在《正義新論》（*Justice as Fairness: A Restatement*, Cambridge, MA: Harvard University Press, 2001）中第四十九節之二與第四十九節之三的論述。主要改變的是如何說明處在「原初立場」（original position）的人會採取這項原則的動機。羅爾斯一開始認為處在原初立場中的人應該理解為家系代表，會關心自己後續至少兩代的後人；但他最後放棄了這個假設，因為這個假設會違背他一開始在原初立場中各人互不關心彼此利益的基本預設。他後來主張，這些互不關心的人都屬於同一世代，但他們自己並不知道是哪個世代，因此他們既然會希望過去的世代要採取正義儲蓄原則，自己也就會採納這項原則。他說自己這個觀念得益於湯瑪斯．內格爾（Thomas Nagel）與德瑞克・帕菲特，並特別指出珍・英格利許（Jane English）在〈世代間的正義〉（"Justice Between Generations," *Philosophical Studies* 31[1977]: 91-104）也獨自發展出這個觀點。

17. 見《理由與人》（*Reasons and Persons*, Oxford: Clarendon Press, 1984）。當然，羅爾斯的著作還是帶起了許多重要討論。關於早期的批判討論，見布萊恩・貝瑞，〈世代間的正義〉。

18. 《理由與人》，pp. 370, 393。

19. 在此提醒：效益主義者經常認為「慈善」所包括的不只是人類福祉，而是像帕菲特所說的，連所有有感覺生物的福祉也包含在內。但是為了免於多做闡釋，除非文中另提，否則我不會細究其中問題，專談帕菲特那種較狹隘的理解，而且這也不至於影響我的討論內容。即使將慈善理解為包括所有有感覺生物的福祉，我對效益主義和以慈善為基礎來考量未來世代的想法所提出的種種說法同樣站得住腳。

20. 《理由與人》，p. 366。

21. 當然了，如果我們認為慈善就只關切人類福祉的話，這一點就沒那麼清楚了。

22. 我把結果主義中非以福祉為考量與非以極大化形式為考量的主張，都劃歸到廣義的效益主義陣營底下，所以我所謂「非效益主義者」的觀點其實只指不接受結果主義的那些主張。結果主義中非以福祉為考量與非以極大化形式為考量的主張，可以避免某些（但非全部）我對常見效益主義所提出的質疑。不過，雖然我無法在此盡述，但我相信這些主張在面對這些質疑時，也同樣難以全身而退。

23. 有人試著將史坎倫（T.M. Scanlon）式契約論中關係配件（relational apparatus）的主張套用到這些問題上，見喇胡．庫瑪爾（Rahul Kumar），〈遺害萬年：一套契約論主張〉

（Wronging Future People: A Contractualist Proposal），收錄於迦瑟里斯（A. Gosseries）與梅耶（L. Meyer）合編的《跨世代正義》（*Intergenerational Justice*, Oxford: Oxford University Press, 2009），pp. 251-72。該文衍自庫瑪爾先前的〈我們能害到誰？〉（"Who Can Be Wronged?," *Philosophy and Public Affairs* 31[2003]: 99-118）。

24. 亨利・西季威克（Henry Sidgweck）在第七版《倫理學方法》（*The Methods of Ethics*, Macmillan & Co., 1907; republished by Hackett Publishing Company [Indianapolis, 1981]）以他一貫的清晰筆法勾勒出了全體效益主義的這一特色，也將此一主張與平均效益主義的理論結果區分開來。見該書 pp. 415-16。

25. 韋恩・桑納（Wayne Sumner）在討論平均效益主義的理論結果時，強力直指這一點——說不定還說得有點太刻意了。他說：「看起來平均效益主義所定義的最佳人口上限跟我們現在的人口水準相比，其實是非常稀少，而這個理論並不在意要達到這個人口上限的過程中要採取的手段有多麼齷齪。」（〈古典效益主義與人口上限〉["Classical Utilitarianism

and Population Optimum," in R.I. Sikora and B. Barry, eds., *Obligations to Future Generations*, Philadelphia, PA: Temple University Press, 1978, pp. 91-111, at 105-6.]）

26. 簡・納夫森（Jan Narveson）在一九六〇與一九七〇年代發表的一系列關於人口的文章中論稱，這兩種立場都立基於對效益主義的不當詮釋。在納夫森看來，效益主義最站得住腳的版本（大致上）會主張我們要極大化的不是全體或平均的幸福快樂，而是受到我們行動影響的每個人加總的全體快樂。他認為這一種效益主義可以避免全體效益主義或平均效益主義在面臨人口問題時那種難以置信的理論結果（見納夫森〈效益主義與新世代〉["Utilitarianism and New Generations," *Mind* 76{1967}: 62-72]、〈人口的道德問題〉["Moral Problems of Population," *The Monist* 57{1973}: 62-86]、〈未來人類與我們〉["Future People and Us," in Sikora and Barry, eds., *Obligations to Future Generations*, pp. 38-60]）。不過，帕菲特在《理由與人》中花了相當長的篇幅論稱這種「受影響者」（people-affecting）形式的效益主義也逃不過那些理論結果。然而，是否能有某種接受「受影響者限制」版本的理論來解決人口倫理學疑難，目前尚有爭議。相關討論可參見古斯塔夫・阿賀紐斯（Gustaf

Arrhenius）的〈受影響者限制能否解決人口倫理學問題？〉（“Can Person-Affecting Restriction Solve the Problems in Population Ethics?,” in Roberts and Wasserman, eds., *Harming Future Persons*, Dodrecht: Springer Verlag, 2009, pp. 289-314）與羅伯茲（M. A. Roberts）的〈人口價值論〉（“Population Axiology,” in Hirose and Olson, eds., *The Oxford Handbook of Value Theory*, New York: Oxford University Press, 2015, pp. 399-423）。

27. 帕菲特到死前都還相信自己在探索這套原則上已有進展，而他生前最後一篇關於這個主題的文章則是〈我們能避免恐怖結論嗎？〉（“Can We Avoid the Repugnant Conclusion?,” *Theoria* 82[2016]: 110-17）。

28. 《理由與人》，p. 405。

29. 《理由與人》，p. 366。

30. 比方說，查爾斯．拜茲（Charles Beitz）最近就指出西塞羅（Cicero）認為對於與己無關的人，我們的慈善責任相當有限，只包括了像是給予建議、借他點火等（查爾斯．拜茲，〈西塞羅論正義與慈善〉["Cicero on Justice and Beneficence"]，unpublished draft of August 17, 2015, p.9）。關於西塞羅所採立場的批判見解，見瑪莎．努斯邦（Martha Nussbaum），〈正義之責、資助之責：西塞羅的錯誤教誨〉（"Duties of Justice, Duties of Material Aid: Cicero's Problematic Legacy," *Journal of Political Philosophy* 8[2000]: 176-206）。

31. 哲學家羅斯（W.D. Ross）就是個好例子，他對自己那套多元義務論的初步說明，就將慈善列為獨立的初確義務（prima facie duties）之一。見羅斯，《對與善》（*The Right and the Good*, Oxford: Clarendon Press, 1930; rev. ed. 2002 [ed. Philip Stratton-Lake]），p. 21。羅斯繼續解釋，說到底，他認為慈善義務並不等於更普遍的「儘量為善」這個義務，只是這個義務的一個例子（p. 27）。但他的論述理由我們在此無需細究。

32. 我在第四章中會細談慈善在非效益主義者想法中所扮演的角色。

33. 菲麗帕．傅特（Philippa Foot）在一九八三年美國哲學家協會太平洋分會（Pacific Division of American Philosophical Association）的會長致詞（後來修改成〈效益主義與德行〉["Utilitarianism and the Virtues," *Mind* 94{1985}: 196-209]）中，就對這種所謂「義務論悖論」（paradox of deontology）根源提出了這種看法。我在〈以行為者為主的限制、理性與德行〉（"Agent-Centered Restrictions, Rationality, and the Virtues," *Mind* 94[1985]: 409-19）一文中，試著指出傅特訴諸慈善德行內容的那些論證，至少在談到關於義務論限制的基本理由之疑難時無法成功。然而，我倒也覺得她的大致策略也許適合應用在人口倫理學上。

茱蒂絲．湯姆森（Judith Thomson）對效益主義式的慈善概念提出了更尖銳的批評，說「世上沒有善良這回事」。見湯姆森，〈對與善〉（"The Right and the Good," *Journal of Philosophy* 94[1997]: 273-98）與其《善良與建議》（*Goodness and Advices*, ed. Amy Gutmann, Princeton, NJ: Princeton University Press, 2001），上述引文就出自該書 p. 41。

34. 關於過分強調慈善的危害，相關討論可見詹姆斯．伍德沃（James Woodward）的〈非同一性問題〉（“The Non-Identity Problem,” *Ethics* 96[1986]: 804-31），pp. 807-8。

35. 羅傑・史庫頓（Roger Scruton）也以類似的說法反駁效益主義：「效益主義忽視了我們關心未來世代的一項根本事實，也就是我們是把他們當作我們自己來操心。在我們以及給予我們一切的前人之間牽連著一條義務線，而我們對後代的操心也就是這條線的延伸。」（《為地球認真思考》[*How to Think Seriously about the Planet: The Case for Environmental Conservatism*, New York: Oxford University Press, 2012, p. 216]）。自稱「衷心盼望人類長長久久」的喬納森・班奈特（Jonathan Bennett）也將效益主義的觀點與他自己那套「強烈、個人、無節操偏好」人類生活延續下去的看法互相比較。他接著解釋說，他覺得「如果這偉大的生物性與靈性之旅不再延續下去，那真是憾事——根本可憐至極」。他說他的「傾向人類立場」「並不是一種偏好有合乎某種一般性的生物性或心理性描述的動物存在的立場，而是一種偏好有從我自己的這個物種或是從這些（這裡我指同時代人）繁衍生出的動物繼續存在的立場。」見喬納森・班奈特，〈論幸福極大化〉（“On Maximizing Happiness,” in Sikora and Barry, eds., *Obligations to Future Generations*, pp. 61-73, at 66-7）。其他相關討論可參見詹姆斯・蘭曼（James Lenman），〈論滅絕〉（“On Becoming Extinct,” *Pacific Philosophical Quarterly* 83[2002]: 253-69）。

36. 狄特・畢恩巴赫（Dieter Birnbacher）也強調這一點，但是他的結論與我不同。見畢恩巴赫，〈是什麼讓我們關心（遙遠）未來人類？〉（“What Motivates Us to Care for the (Distant) Future?,” in Gosseries and Meyer, eds., *Intergenerational Justice*, pp. 273-300, at 282）。

37. 我在第四章會再回頭來談關於慈善的理由。

38. 我的立場應該很明顯，我不僅反對只以慈善為基礎的理由來確保人類生存的說法，也反對某些人說應該歡迎人類末日到來的看法。比方說，大衛・班納塔（David Benatar）就主張假如人類滅絕，世界會變得更好，而且還說：「擔心人類在未來某個時刻不再存在，是一種自以為人類把世界變得更美好的傲慢症狀，要不然就是一種誤植錯置的多愁善感。」（大衛・班納塔，《寧可別出生》[*Better Never to Have Born*. Oxford: Clarendon Press, 2006]）。

如果我對我們應該確保後人生存與繁榮的理由說得沒錯，那班納塔對於我們擔憂人類存亡與否的說法就不攻自破了。

Chapter 2

操心的理由

——利益與愛

我們為什麼應該為在自己死後許久才出生的人過得如何操心呢？我們為什麼應該要關心在我們死後許久還有沒有人存在呢？要是人類在這個世紀末或下個世紀末會滅絕，我們該煩惱嗎？如果會，為什麼？在許多探討我們對未來世代之關係的當代哲學文獻中，隱含著這些問題的一個答案，就是我們有理由出於慈善而關心未來世代的生存與他們的生活品質。不過，這些想法並未說服我，因為在我看來，在這些文獻中的慈善理由不是沒有如作者相信那麼高的規範權威，就是欠缺他們所相信那麼強的驅動力。

我在這一章與第三章裡要主張，撇開關於慈善的考量，我們有至少四種不同理由要試圖確保在我們之後人類的生存與繁榮。但我說我們有這些理由的時候，不是說人皆有之，而是許多人都有這些理由。我的目標不是要論證所有理性人都必定會認知到這些理由，在我看來，只要事實上有許多人有這些理由，就達到我的目的了。從實踐層面上來說，這件事實可以擴充我們所需要的理由，推動我們採取行動確保後人的生存與繁榮；從理論層面上看，這件事實也讓我們在思考我們死後那些後代生活的重要性時，能夠擁有更豐富的評價根據。

為了建立起我的論證，我會引入我先前在《我們為何期待來生？》（*Death and Afterlife*）一書中提到的某些觀念。該書的主旨在於我們能在此時此地的活動中發覺其價值的能力，其實比我們所以為的還要更依賴人類在我們死後依然能繼續長存的這個隱含假設上。[1]假如我們認為人類即將滅亡，那麼有許多我們現在覺得值得去做的事就會失去意義，看起來也比較沒那麼有價值了。事實上，我猜很多人心裡都會覺得要是人類即將滅絕，即使我們每個人的壽命都不會因此縮減，那也將會是一場恐怖至極的浩劫。

為了刻畫出這些觀念，我拿了菲麗斯．詹姆斯《人類之子》（*The Children of Men*）[2]中的其中一個情境來談。在那個故事裡，人類全體不知為何染上了集體不孕症，過去二十五年裡沒有一名嬰兒出生；隨著人口年齡逐漸老化、慢慢凋零，人類滅絕迫在眉睫。而在這情境裡，不需要有任何人折壽早夭；[3]相反地，人類只是逐漸從這個場景裡頭日復一日、月復一月、年復一年地消逝凋零。[4]如果我們發現自己就活在這情境中，會有何反應？我希望，如果大家仔細思考，會覺得我的猜測不錯，我猜大多數人都會覺得人類若是滅亡在即，那份沮喪一定叫人難以承受。在這迎面而來的浩劫面前，我們的人生只會剩下陰鬱和哀傷。這影響還不止及於我們的情感領域，關鍵不只是在於我們覺得傷心難過，另一個也同樣重要的，是我們先前認為覺得值得去做的事，在這情境中似乎都失去了吸引力。我們會覺得自己比較沒理由去做這些事。甚至連某些事情看起來根本就毫無意義，我們絲毫沒有從事這些活動的理由。話說回來，像陪伴家人朋友這類的活動，當然對大多數人來說還是很值得做的事。不過，整體說來，我們在活動中尋獲價值的能力將會遭受嚴重侵蝕。[5]

如果這就是大多數人在面臨人類即將滅絕的命運時會出現的反應，就像我相信的一樣，那我們出現這種反應是什麼意思？有一種說法是這表示我們出現了一種評價錯誤，因為人類即使即將滅絕，這些活動的價值也不會減損半分。如果我們會覺得自己的活動變得沒有價值，那就只是表示我們的悲傷與沮喪遮蔽了我們追求之事物的恆久價值。當然了，即使真是如此，我們會如此反應也出奇地反映出了我們評價依附的內容。這告訴我們，我們其實對於人類延續生存有著強烈的直接關懷，強到讓人類即將滅絕的預期景象會使人哀傷沮喪得連好好過活都沒辦法。相較於我們即使知道個人自己終究不免一死，反應也不會如此激烈，這件事就顯得尤其特殊了。

但是我比較喜歡另一種詮釋。這種說法認為我們對人類絕種在即的反應跟評價錯誤無關，反而是給我們上了預料之外的一課。這件事也許是要教導我們，許多活動的真正價值，其實建立在我們死後人類還能長久生存下去這回事上，只是我們未曾清楚體認到這一點。6

這說法真的可信嗎？如果人類滅亡在即，那我們現在認為有價值的活動有哪些會真的減損價值，或變得毫無意義？最直接明白的例子，也許是長期在共同目標架構下集體合作的活動，像是尋求癌症解法、加強橋樑防震係數、提升幼兒教育品質等。一旦參與了這些活動，大家就是在為一項長期計畫付出，這是包含了許多人在長時間裡的共同努力，如果成功，就能大大造福大量民眾。這就是這些活動之所以有價值的緣故，但這也正是假如人類滅亡在即，它們的價值也就會隨之灰飛煙滅的緣故。因為假如人類真的要滅絕了，這些長期計畫就再也沒有機會能夠造福大眾了，那麼，參與像癌症研究這些長期計畫的意義究竟何在？

不過，即使我們承認確實如此，這裡頭還是有兩個進一步的問題待解。首先，我們當然會猜，還有多少我們原本認為有價值的活動也有這種特性？換句話說，在大家參與的重要活動裡，還有多少真的具備了長期的相關目標架構？除此之外，我們也可以猜想，除了具備長期性的目標架構之外，還有沒有功利（good-making）特性會因為人類滅亡在即而失色？如果有，又有多少重要活動具備了這些特性？[7]

有些大家參與的活動會有一部分的價值來自於能促成重大長期目標，但要是以為這類活動的數量很少，那可就錯了。的確，當癌症研究人員的人很少，但是要準確評估以相關目標為導向的活動有多少，我們還得考慮許多以改善人類境況為目標的其他類型研究。這不僅包括大多數的醫學研究，也包含了許多科學、工程、科技、社會科學等非醫學的研究在內。我先前舉防震係數和幼兒教育品質提升研究為例，就是要指出這一點。公平來說的話，這些林林總總的優化研究（meliorative research），在人類活動中可是佔了頗大一部分。而且，這些價值來自其優化目標的活動並不只限於研究活動而已，因為研究者與創造者的一切努力都還要靠許許多多其他人的努力來支撐與補足，是這些人興建並維持了機構運作（他們的工作價值也源自於此），才使得研究計畫得以進行。

不過，即使這樣說，還是低估了實際情形，因為把焦點放在研究上根本就是過度窄化的誤導。大家會追求優化目標不是只因為想要獲得更高深的知識，有許多優化活動反而是更講求直接實效的。舉例來說，有不少社會運動或政治運動都是為了要讓世界變得更好、更安全、更加自由、更加正義；此外，也有許多社會、政治或體制改革計畫都被視為長期計畫。好比癌症研究，就需要許多不同人員長期參與，而且大家也都明白他們或許得要等到某些參與計畫的成員死後許久，才能獲得最終的回報，[8]這些計畫也包括了促使社會基本制度更加正義的種種大規模努力。無論這些社會政治計畫的規模是全球性的、社會性的或是地方性的，其間的長期集體合作都是為了要帶來巨大改變，也同樣都會因為人類滅亡在即而喪失價值。若短期內世界末日就要降臨，那麼試圖讓我們的社會長期下來能變得更美好這件事，註定要變得毫無意義了。

這就帶我們進到了第二個問題：除了具備長期目標架構之外，還有沒有功利特性會因為人類即將滅絕而喪失價值？如果有，又有多少重要活動具備了這些特性？我相信這種功利特性不少，而且擁有這些特性的重要活動更是多不勝數。且舉三個最值得注意的特性來說說吧。

第一，在許多個人活動隱然具備的功利特性中，會有「這活動隸屬於某種本身就有價值的持續實踐或歷程」的特性。要知道為什麼這是種功利特性，先讓我繞開來問，大家經常會說希望自己成為某個比自己更大的事物的一部分，這是什麼意思呢？雖然這種說法只是一種暗示，但我們顯然可以看出，很多人會將特殊價值加諸他們認為能夠滿足這份欲求的活動上。但是當他們說想要成為某個「比自己更大的事物」的一部分時，大家究竟是想要什麼呢？這個答案有一部分在於他們想要成為一項行動事業的成員，這事業不僅包含了自己以外的他人，而且其整體價值更超越（或不同於）大家各自所進行的任何活動之價值。雖說一項事業的「更大」可能表現在各種不同的相關面向上，但其中很重要的一種，是在時間上能延續下去。能延續下去的團體活動會比個人更大，不僅是因為這活動包含了更多成員，所以能夠超越個人能力極限，更是因為這活動的歷史與未來比個人的更長遠，所以能超越個人存在的時間限制。因此，能延續下去的團體活動之價值不會像純粹個人活動的價值一樣，受到我們個人的天賦、才智、意志或壽命所限制。

有許多個人活動的部分價值，是來自於假如有人投入這項活動，就會讓這類有價值的事業持續下去。這並不是說一項活動若是完全只靠自己努力而沒有其他人參與，這項活動就沒有任何價值。我的意思是說，如果有其他人參與這項活動，則此活動就有一部分的價值會來自於有其他人參與其中。這時，這項個人活動的價值就會因為連結到了有價值的持續性事業而擴大或增強。當然了，我先前提到的那種具備長期目標架構的活動，像是癌症研究、長期政治改革運動等活動也會是如此。若將個別癌症研究人員的努力成果放入一項持續進行的集體研究計畫裡，變成整個大計畫的一部分，會比各自獨立進行更有價值。不過，不具備這種目標架構的許多其他活動也同樣是如此。尤其值得注意的是，在許多情形中，個人的努力付出有沒有參與性質，並不取決於這些付出是否造成任何後果。當我們投入參與某項持續性事業，即使我們對於這項事業的未來毫無顯著影響，我們仍是這項事業的參與者，我們的活動價值仍有部分來自於這項大事業。

拉回來談，我們可以拿創造哲學作品這活動當作例子。參與這項活動的人也都加入了一場持續進行的集體探究事業，他們並不是獨自書寫私人日記的孤鳥，而是受到其他人所提出的問題吸引，透過他人所說的話來形塑自己的思想，在預期未來會有更深入探討的情況下發表自己的觀點。他們所作所為的價值有一部分來自於這項活動的參與性質，也有一部分來自於這整個持續合作過程（也就是讓他們成為參與成員的過程）所具備的價值。我相信還有許多其他重要的活動也是如此：從科學到政治、文學、新聞，從探索自然世界與科技研發創新，再到宗教信仰和組織性的體育競賽。光是要想像這些活動會是孤立單一的作為——轉瞬即逝，只為了展現一次——就已經很難了，但是若我們能這樣將這些活動當作孤立單一的來考慮，它們確實是會近乎毫無價值，這就是大家說到成為比自己更大的事物的一部分時所隱約體認到的意思，這也解釋了為什麼許多個人活動都會具有隸屬於有價值的持續活動或歷程這個特殊的功利特性。這個特性之所以稱為功利特性，是因為它會讓該項個別活動具備原本沒有的某種價值或某種程度的價值。但是倘若人類滅亡在即，這份價值就會煙消雲散，因為此時，這種重要的活動或歷程就再也無法持續有價值了。

許多重要活動還會具備第二種功利特性，也就是能藉以維持重要的傳承，進而為後人保存並增添文化、實踐與智識上的豐富資源。這裡就不再是這些活動有沒有參與性質的問題，而是這些活動如何將人類智慧、實踐與成就的重要形式維持下去，並傳遞給新世代，以免從此佚失的問題了。許多教育類、彙集類和保存類的活動都是如此，以保存、維持、增添文化、智識或宗教傳統為具體目標的眾多活動就是如此；培養傳承各種重要技藝、技術與技巧的活動更是如此。若是人類的末日在即，這些活動的價值也全都會分崩離析，因為這些活動之所以有價值，就在於跨世代的傳遞承繼，而這場即將來臨的浩劫將會根除這份傳承的可能。

最後，有許多活動還會隱含一種功利特性，就是讓我們得以理解社會與其未來可能。比方說，對歷史、政治理論、社會學、人類學著作的閱讀、學習與教授活動就是如此。許多參與藝術的活動也是如此，無論我們在參與的過程中身為創作者或消費者皆然。這裡的關鍵不在於創作的價值或參與他人所創作的藝術作品之價值來自於對這些藝術作品本身能夠流傳後世的期盼或信心，更不是來自於以為這些作品永世流傳就能夠多少讓自己永垂不朽的念頭或妄想。關鍵其實在於藝術對我們而言，其價值有一部分是來自於藝術如何刺激與提供我們想像和思索未來，無論是個人的未來、社會的未來，或是整體人類的未來。在這方面，藝術的價值說不定倒是意外地和學習歷史、政治、社會組織與不同文化實踐的價值有所重疊。這些活動之所以重要，有一部分正是因為它們能幫助我們更有創意、更精明洞徹、更有想像力地思考人類社會與其未來的種種可能。所以說，要是人類沒了未來，那麼這些活動的價值也就會跟著灰飛煙滅了。

我雖然把這三種功利特性分開來談，但是它們當然經常彼此相伴出現。藝術家文森・德西德里奧（Vincent Desiderio）畫的〈睡眠〉（Sleep）這幅畫，讓肯伊．威斯特（Kanye West）有了拍片的靈感，而據說威斯特向德西德里奧洽詢在影片中使用他那幅畫時，德西德里奧說：「我所在乎的，並不是版權問題。藝術作品問世後，就會帶起刺激和擴張共同想像的潮流。用我的作品是我的榮幸。這跟錢一點關係也沒有。」[9]德西德里奧的回答顯示出了上述的三種功利特性如何能並行不悖，尤其是在關於藝術創作與參與的活動中更是如此。我說過，藝術能讓我們對社會與其可能性發揮想像理解，這是上述的第三種特性。但是從德西德里奧的回答裡，可以看到藝術活動的價值也有一部分是來自於能夠維繫並增添文化傳統，這些傳統在每一代手中承繼、再現、挑戰、重構、修改，然後再將或多或少有些不同的結果遞交給下一代。這表示藝術活動除了第三種特性之外，也有第二種特性——維持重要傳承。當然，德西德里奧的話裡清楚地說出藝術活動具備了第一種特性。藝術活動的價值有一部分就在於它屬於某個持續的集體歷程，它是人類想像力的共同持續運作。

我一直說，有許多活動的價值，在某個我們未必察覺的程度上，都有賴於自己死後還有人類存活的這件事實。這反映出一件事，就是從更廣的一面來看，我們的價值與關懷具備了橫跨時代此一重要面向。我們在從事各種有意義的活動時，都是依循著他人的步伐、沿著他人的足跡、擔負了他們的遺澤、記取了他們的錯誤，才能站在他們的肩頭上，看得更遠。我們也會開疆闢土、披荊斬棘、犯下新的錯誤、創造自己的歷史、留下自己的遺產。最後，我們也會把火炬（或是接力棒）傳給新的一代。我們的關懷總是橫跨了時代，如果不能領略各項活動的跨時代面向，不能體會這種面向對活動的價值有何貢獻，就不算徹底領悟各項活動的真正價值。[10]

但假設我所說的沒錯，我們許多活動的價值確實有賴於在我們死後還有人類存活這件事好了，這究竟又表示了什麼呢？乍看之下，這個論證大概是要說我們有些利己的理由要確保人類的繁衍存續。我們需要未來世代活下去，才能讓自己過著「承載價值的人生」，而這種人生就是要人全心投入於有價值的重要活動。若是如此，似乎表示我們要確保未來世代生存只是出於純粹利己的理由，最終還是歸諸我們對自身的關愛而已。

我雖然在《我們為何期待來生？》一書中明確否定了這種看法，可惜的是，在那本書裡似乎還是隱約贊同了這種詮釋。之所以說我隱約鼓勵這種詮釋，是因為我主張對我們而言，在某種特殊意義上，人類在我們死後還能繼續存續下去，要比我們自身的存活更重要。這重點在於無論我們對於自己終將一死有多害怕，人類滅亡在即的景象都更會在此刻當下就摧折我們在各種活動中尋獲價值的能力。這很容易會被當作是表示我們之所以需要人類存續的唯一理由，就是為了讓我們自己能過個有價值的人生，我同時也明白否定了這種詮釋。我說得清清楚楚，人類滅絕在即這件事對我們會恍若天崩地裂一樣，顯示出我們的自我主義有其限制，因為這就顯示出我們在尋求自己人生的價值時，依賴他人存活的程度會有多高——事實上，是要依賴那些還沒出生但將會出生的人。但是有些讀者雖未否定我們依賴他人這一點，卻還是覺得照這個我們有理由確保人類延續下去的思路來看，這些理由終究還是純粹利己的理由，因為若對這些理由追根溯源，終究都還是源自我們對自己能否活得有價值的關懷。人類的存續對我們會那麼重要，就只是因為我們相信人類的延續是我們能從自身的活動與目標中發掘價值的前提罷了。[11]

不過，從相信活動價值有賴於我們對人類在自己死後還會繼續存續下去的信念這一點，無法推論出我們之所以看重人類的存續就只是為了（或主要是為了）這個理由。這是真的推不出這結論，我也不相信這結論是真的。舉例來說，假如人類真的因為普遍不孕而滅絕在即，那麼就正如我所說的，很多人會視之為一場恐怖浩劫，感到天崩地裂。人類即將絕種的景象會造成普遍的悲傷、憂鬱、消沈。大家會有如此反應，並不是證明大家認為人類消失是害自己損失利益，反而是證明對眾人來說，人類的存續這件事本身就非常重要。事實上，人類存續本身對大眾而言很重要，才是人類一旦消亡就會損害眾人利益的根本理由。

說真的，我也一直主張假如人類即將滅絕，很多活動都會變得比較沒有價值，有些甚至會連半點價值都不剩。最明顯的例子我們已經看過，就是以優化為長期目標的那些計畫。人類要是即將滅亡，這許多活動就會變得毫無意義，人若繼續從事這些活動就顯得欠缺工具理性了。如果以後真的沒有人類了，我們又幹嘛要尋求癌症解方、提升橋樑防震係數、改善幼兒教育品質？反正沒人會因此受益呀！既然在現今世界這情況中，從事這些活動的人還會因為繼續從事而獲益，那麼人類一旦消失，就會額外損害到他們的利益。同樣地，許多其他活動或計畫，無論是否以優化人類生活為目標，要是人類即將絕種，就會額外減損其價值。只不過，儘管這種額外減損十分重大，但我們萬萬不可將這種損失與無法達成活動的基本損失混淆；這些活動本身原本就具有、而且獨立於人類存續與否之外的利益，所以要是無法達成活動目的，會是更根本的基本損失。

至於那些以優化人類生活為目標的活動，還有一點更值得強調。很多人是先覺得從事這些活動很值得，所以他們自身的利益後來就與這些活動的成功與否密切相關，而這整件事又是另一個能夠證明他們之所以會看重未來世代過得如何，其實完全與自身利益無關的證據。他們相信，為了成就也許在自己死後才能實現最大好處的活動，值得投入畢生精力。如果他們不這麼想，當初就不會選擇從事這些活動，更甭提要靠這些活動來界定他們的利益了。換句話說，所有優化人類生活的長期活動，其實一開始就將未來世代過得如何當作理所當然的要務看待。因此，針對從事這些活動的人而言，我們可以說，未來世代的存續不僅是這件事本身就重要，所以一旦人類滅亡在即，會讓他們覺得恐怖至極；而且我們還可以進一步說，這些能夠界定他們利益所在的活動之所以有意義，完全只是因為他們假定了未來世代的命運十分重要。

當然，有許多會因為人類即將滅絕而喪失價值的活動並沒有長期的優化目標架構，可是這類活動有些也同樣只有在假定未來世代命運對於參與者而言很重要的前提下才有意義。舉例來說，那些以確保重要知識、傳統、技巧能夠世世代代傳承下去的活動就屬於這一類。假如從事這些活動的人不認為未來世代能否獲知這些相關知識或實作是重要的事，那他們就不會認為值得終生奉獻在確保這些活動後繼有人了。雖然不是所有會因人類滅亡在即而喪失價值的活動都有這種現象，但我們還是可以肯定一個普遍的基本道理：我們之所以會覺得人類即將滅亡恐怖至極，主要原因並不是這會減損我們的利益，而是在於人類存續本身對我們來說就是重要的大事。我們要不是早就把人類存續與否當成大事，根本也就不會把確保人類存續當作那麼利益攸關的事了。[12] 簡言之，人類存續之所以於我們有利，有一部分原因是因為後人對我們很重要；但是他們之所以對我們很重要，並不是只因為其存在對我們有利的原因上。13

我承認，也許不是人人皆然。假設我這輩子唯一的計畫就是替自己立一座紀念碑，好讓後世人類都能知道我是誰，對我永遠緬懷。那樣一來，人類能存活下去就是我要認為自己的計畫有價值的必要前提，但人類要是即將滅絕，這計畫就頓失意義。除此之外，人類存亡與否對我來說可能毫不重要，人類存續的意義對我來說，可能只是讓我的計畫有價值的前提。可是像這樣的例子實在不尋常，而且也有幾個理由這麼說。這種例子之所以不尋常，有一部分原因是因為大多數人不會認真期望或渴求未來世代會記得自己。不尋常的另一個原因是在於那些希望被後世記住的人裡頭，大部分也不是只希望被人記得而已，而是希望他們是因為自己做了什麼值得仰慕欽佩的事情而被記住的。所以說，我們得問問這些人，看他們會認為哪些活動或成就值得仰慕欽佩，而這些活動或成就的價值又會因人類即將滅絕而受到何種影響。最後，前面這例子之所以不尋常，更是因為大多數希望後世緬懷仰望自己的人，其實還會有許多其他目標與動機，而且他們也不比其他人更直接關切人類存續與否。一旦納入這些考量，這個例子所蘊含的詮釋範圍就勢必要限縮許多了。

我的論證看起來似乎有些菁英主義的味道，因為只有較為富裕、教養良好的人，才能全心全意投入那些預設了人類存續才有價值可言的活動。大多數人都沒有那種投入這些活動的餘裕，大家都得找些沒意思的工作做，才能夠養活自己，這些無聊工作的價值不會因為人類滅絕在即而減損一毫半分。但是這說法非但沒有反駁我的論證，反而還補強了我的主張。的確，只有很少人能靠從事自己覺得有意義的活動謀生。能當個科學家、藝術家、運動選手、知識份子，或是靠著做任何具備內在意義的工作維生，確實是鳳毛麟角的特權。但是普羅大眾必須靠著無聊工作——也就是他們不認為有獨立價值的活動——維生這件事，並沒有說大家認為重要或有意義的活動究竟有什麼特性。更何況，這也沒有說未來世代的存續只對富人或那些既得利益者才重要，這件事實只顯示出了富人和既得利益者比較有機會能畢生投入在具備獨立價值的活動裡。我們的種種活動只有在反映出我們的價值時，才能夠當作判斷我們看重什麼東西的指標。我們應該感到意外的，反而是人若愈有資源讓他們自己能致力於意義非凡的活動，就愈會去從事必須假定人類會持續存在才有意義的那些事業。

結論就是，除了我們可能會有的各種慈善理由之外，還有另外兩種重視未來世代命運的理由。第一種理由可以稱為關懷理由（reasons of concern），這種理由建立在未來世代本身就對我們很重要這個事實上；而第二種理由可稱為利益理由（reasons of interest），則是訴諸我們能藉此過著從事重要活動的人生這項利益。這兩類理由在概念上彼此獨立，但之所以如此，有部分原因是由於未來世代的命運本身就對我們很重要，所以他們的存續與否攸關我們的利益。

我得強調，這些結論並不依賴於我所說的假如人類滅亡在即，就會有許多活動喪失價值這件事。假設情況與我所論證的剛好相反，最能夠解釋人類活動在那種情境下會減損價值的說法，其實是因為強烈的悲痛與沮喪所造成的評價錯誤好了，但是我們對於人類即將滅亡這件事會有這麼悲痛沮喪的反應，就恰恰證實了我們對於人類存續的確有直接的關懷。我們既然有這樣一份關懷，而且倘若人類真要絕種會使我們無比悲痛沮喪，這就表示人類的存續也確實對我們有利益可言。所以即使我們對於人類即將滅亡的反應的確包含了評價上的錯誤，我們也仍有關懷與利益這兩種理由替後代的命運操心。

人類或未來世代的存續本身對我們就很重要這個想法，其實包含了許多內容。我在第一章中說過，未來世代是一種關於世代傳承的觀念，每一代人都在時間上和因果上與其前人後代相連，是從現在向未來延伸。同樣地，人類存續這個觀念也不光是在講在未來某個時刻會有人類存在這件事。這個觀念是說，至少在很長一段時間裡，人類還會繼續如同先前一樣，與前人和後代以類似的方式在因果上彼此相連。既然未來世代的命運對我們很重要，而且我們又關心人類的存續，所以對我們來說真正重要的，就是世代之間的時間因果鏈結能否延續下去。我們也不是只關心人類能否存活下去而已，相反地，我們會希望未來世代能夠過著富庶繁榮的生活。但這並不是將未來人類當作一盤散沙來看待他們的「幸福」，我們真正關心的，是人類世代能繼續在時空中綿亙延伸。

而既然世代鏈結說到底還是由個人血脈傳承所構成，所以各位也許會覺得我們對世代鏈結的關懷必定能化約為某種對個人血脈傳承的關心。比方說，各位可能會覺得我們對未來世代的關懷是因為我們對自己會有子女、而子女又會有他們各自的子女，如此無盡延伸的關懷。但這樣想就搞錯了。的確，很多人會對生兒育女有強烈的慾望，也有很多人會渴望含飴弄孫，還有些人（雖然少一點）會極度盼望自己的血脈能夠永垂不朽。可是對於人類世代鏈結延伸到未來這件事的關懷，並不是關心某一支或某些特殊血脈能否持續繁衍下去。當然了，這兩種慾望並不彼此互斥，可是兩者也同樣不能彼此化約。不是只有已經有了孩子或盼望有後嗣的人才會對人類即將滅絕感到憂傷；同樣地，也不是只有已經有了或可能會有後代的人才會重視未來世代的命運。

我們對未來世代的關懷，也同樣不是關心我們自己死後還有沒有人記得我們。很多人也確實有期待受後人緬懷的慾望，但大部分都是希望自己認識的某些人還能記得自己，而既然那些記得自己的人也同樣不免一死，這份慾望所涵蓋的時間範圍相對來說還算是挺客氣的。不過我們也知道，有的人就是希望自己的功業能永垂後世，但是這樣的人終究是少數，而且這份期望能夠成真的人更是鳳毛麟角。可是無論客氣或狂妄，這些期盼和慾望都與我所描述的那份關懷無關，因為我所談的，是對於整個人類能否存續、能否興旺的關切，而不是關於未來是不是還有人會記得自己這回事。

最後，替未來世代的操心既不是想對後代生活有所影響的慾望，也不能如此化約。有許多人確實希望在世之時能做出一番事業造福後人，這一點從我先前所說風起雲湧的各種優化研究計畫，以及各種社會、政治改革運動就可以看得出來。但是我們對未來世代的那份擔心，其實反而是預設了這一種期望或心願，所以不能化約成那種慾望，更甭說是為了讓自己對後代有正面貢獻，才希望未來世代存活下去。

我們對未來世代的操心這下就更加直接，卻也顯得更神祕。說直接是因為這份操心其實就是關心人類世代鏈結能否無限延伸到未來，過得興旺富庶；而這份操心之所以神祕，則是在於我說我們會抱持的那套時代本位主義。我們大多數人對於人類的存續有什麼價值，或對我們希望未來能夠實現之事的價值，其實都沒有清楚、完整的概念。我們對於未來世代的重要性和他們與我們之間的關係，也沒有展現出任何有條理的理解。不過，如果我所想不差，我們對未來世代的關懷就證明了時代本位主義是錯的，或者至少顯示出它有其界限。想像一下，如果我們思考人類即將滅亡這件事，而我們又對這件事會感到失落、憂傷甚或絕望，那就清楚表示，即使我們容易忽視人類存續對自己有多重要，但我們確實非常看重這個事實。我們還可以說得更極端一點，假設我們都同意「愛」是一種表示喜歡某個對象，而且還強烈關心該對象興旺與否的評價態度；再假設我們也同意愛某個人就是會體驗到基於各種脈絡而產生的情緒，尤其是當那個人受害、吃苦或死亡的話，我們更會覺得苦不堪言。這樣一來，按照肯定前件可推得肯定後件的邏輯規則（mutatis mutandis），假如我們愛的不是一個人而是別的對象，那就可以說，我們對於人類即將滅亡這消息所做出的反應，正顯示出了我們對人類的愛。[14]

這看起來有點前後矛盾。我們怎麼能夠說自己愛著還不認識、還不存在，甚至永遠都不會存在，而且即使存在、在我們死後也不會這樣愛我們的那些人呢？又怎麼能說我們會關心、重視那些不存在的人呢？的確，他們的未定身份和我們對他們是否存在的那份不確定性，當然和愛與關懷這些態度格格不入。但是這其實錯得離譜。說實在的，對人類的愛其實根本就不是愛我們認識的某個人的那種愛，就像愛文學跟愛自家的狗不能相提並論一樣。一般說來，愛會隨著對象不同而有所不同。對人類的愛並不是由對於未來每個個人的愛所構成，反而是集結了一批不同的態度與傾向，包括渴望對於人類世代鏈結能夠延伸到無盡的未來、過得繁榮富庶，還有會對人類即將滅絕感到深刻悲傷的種種情緒傾向。這些慾望或傾向都不會因為我們不確定活在未來的人是誰，或甚至不確定未來還會不會有人存在而顯得不理性與不恰當。

這就表示我們對人類的愛之所以讓某些人覺得前後矛盾，是因為其他理由所致。儘管我只說這份愛相當普遍而不是說普世皆然，但也許有人會覺得如果要反駁我的說法，只消看看世界各地任何一天、任何一份報章雜誌就夠了。人類各種胡作非為、殘暴不仁的情事班班可考，這些頑劣傾向依舊層出不窮，甚至愈演愈烈，只有瘋子才會說愛人類是人心中的一項重要特徵。但是人類的野蠻行徑再怎麼普遍蔓延，也不能否定對人類之愛的真實性，正如殘酷暴行再怎麼肆虐無阻，也否定不了慈悲，貪婪再怎麼橫行大地，也否定不了慷慨一樣。我說有許多人會因人類滅亡在即而感到悲傷絕望，說這些態度揭示出的關懷形式可以描述為對人類的愛，但這並不是說這種關懷就是我們唯一的關切、最強烈的關心，也不是說這種關懷能夠在方方面面都與人心完滿契合。人類的心態與動機最令人訝異的就是其複雜難解的程度，任何想要簡化、化約人類心理的理論都難免失敗一途。我們人類就是這麼特殊、奇妙又恐怖的物種。我們的心思總是紊雜紛亂，而我所謂對人類之愛也只是這團迷霧的其中一面而已。

對人類的愛，也不能和在效益主義道德心理學中扮演核心要角的同情心混為一談。照效益主義者的看法，同情心就是了解他人的快樂與痛苦，而在效益主義者構想中的那種富有同情心的理想旁觀者，則能平等地了解所有受某個行動或制度影響的個人有何感受。但是我所界定的對人類之愛並非如此，它所包括的是對人類世代鏈結能夠向未來無盡延伸，過得富庶繁榮的一份慾望。這份慾望並不等同於理想形式的同情心，雖然兩者在實踐上偶爾會有相同的結果，但不一定非得總是如此不可。

有些人可能認為對人類的愛雖然不能化約成同情心，但可以化約成對自身的愛。他們可能會說我所謂的關懷理由（或也可以稱為愛的理由〔reasons of love〕）其實本身就是利己的理由。[15] 這種理由之所以會是我們要關心未來世代的理由，就只是因為未來世代對我們來說非常重要，但這種說法不免啟人疑竇。既然我們所愛之人對我們而言十分重要，我們也同樣可以說我們為了他們，或是出於替他們著想而做的行動也同樣都是根據利己的理由了。這種說法是個常見的錯誤，因為它忽略了「自身利益」（interest of a self）與「以自身為利益」

(interest in oneself)的差別。[16]如果我們所愛之人受到傷害，或是我們珍視之物遭受巨大損傷甚至毀滅時，我們會感到痛苦難受，但儘管關愛那人或珍視那物的人是我們自己，也不能就因此說這份苦痛是利己的事。說我們利己，就是說我們會以自身為利益所在，而這並不是我們能從中獲利的意思。

另一種主張愛的理由和利己理由之間關係的說法就可信多了。他們可能會說，我們對人類即將滅亡所做反應的重要性，在於揭穿了這兩種理由之間的膚淺區分。如果我們仔細思考我們對於人類即將滅亡的反應，就會明白另外兩件事。第一，因為我們內心明白自己的生命是時序上彼此相繼的人類生命的其中一段，所以會威脅到這份相繼秩序的事，也就是會威脅到我們自己與我們生命意義的事。因此，我們既然真把自己的生活品質與意義當作利益，那這份利益本身就必定包含了對我們後代的關懷。第二，我們在面臨人類即將滅亡一事所感受到的沉重哀傷與失落，有一部分是替我們自己震驚，因為我們對自己在這世間地位的理解遭到了打擊。所以說，我們既然真的關心未來世代的命運——因為我們的確展現出了對人類的愛——那我們的這份愛與關懷本身就必定包含對一旦人類滅亡，就是對我們造成傷害的體認。如果這兩點觀察沒錯，那麼將利益理由與愛的理由分成兩類就是搞錯了。我們討論的這個想法真正的要點所在，是要顯示出這種區分有多麼刻意。在適當的理解下，我們為自身謀利益和我們對後代命運的關懷根本就是不可分割的一件事。利己與愛人真的無法截然二分。

這個想法確實有其道理，但是利益理由與愛的理由之間的區分，並不會因此就毫無價值可言。無論我們為自己謀利益（如果反躬自省便能明白這回事）與我們對後代命運的關懷之間的關係多麼千絲萬縷，我們總是能區分出人類即將滅亡所直接引發的失落感，與人類滅亡會破壞我們諸多利益是兩回事。重要的是，我們要明白這些利益遭受損失解釋不了那份失落感，反而是那份失落感能夠解釋這些利益損失。而既然區分愛的理由與利益理由能夠有效地指明這一點，我就還是會繼續沿用這個區分來談。

註解

1. 這個觀念無疑也有其他哲學家以不同方式為之辯護。例如，雪洛·米賽克（Cheryl Misak）就說這個觀念是實用主義傳統中的「根本洞見」（見米賽克，《劍橋實用主義：從皮爾士、詹姆士到蘭席與維根斯坦》[*Cambridge Pragmatism: From Pierce and James to Ramsey and Wittgenstein*, Oxford: Oxford University Press, 2016], p. 45）。艾倫·伍德（Allen Wood）也論稱這個觀念其實在費希特的著作裡就出現了（見伍德，《費希特的倫理思想》[*Fichte's Ethical Thought*, Oxford: Oxford University Press, 2016]）。還有些人告訴我在海德格與列維納斯的著作裡也都有相關的題目。不過我還沒有一一搜集前人對這個觀念的看法。

2. 《人類之子》（*Children of Men*. London: Faber and Faber, 1992）。

3. 這是詹姆斯這本小說與眾不同的劇情安排，有別於其他描寫人類末日的小說與電影，例如班恩·溫特斯（Ben H. Winters）的《最後的警察》（*The Last Policeman*）三部曲、拉斯·馮·

提爾（Lars von Trier）的《驚悚末日》（*Melancholia*）等。

4. 詹姆斯所描述的這個情境，喬納森・雪爾（Jonathan Schell）早在一九八二年的《地球的命運》（*The Fate of Earth*, New York: Alfred A. Knopf）裡就寫過了：「假設有某種物質在大自然中散佈開來，但是除了會使所有人類不孕之外，不會造成任何傷害。到了那時，隨著現存的人逐漸凋零，地球人口也會愈來愈少，直到一個不剩。沒有誰的壽命會因此縮短一天，但是整個物種仍會滅絕。」（p. 115）

5. 雪爾在《地球的命運》第二章中也有類似的主張，尤其在 pp. 154-78，他解釋了為什麼現在的生者在面臨核武浩劫的絕種威脅時會感到如此驚駭。

6. 戈馬克・麥卡錫（Cormac McCarthy）在《長路》（*The Road*）中也有類似的結論：「他的夢境變清晰了。消逝的世界回來了。阿金那副老是死氣沈沈的臉突然顯得精神奕奕。沒人說話。他在想他的人生。已經是好久之前的事了。那個陰天，在異鄉的他站在窗前，看著底下的街道。他身後那張木桌上點著一盞小燈。桌上有書有紙。開始下雨了，有隻在街角的貓轉身跨過人行道，到咖啡店的雨棚底下坐下。之前那兒有個女的會雙手抱頭坐在桌前。再過幾年，他站在圖書館焚毀的遺跡中，燒得焦黑的書四處浸在水窪裡。書架都倒了。有些書架還沿著它們先前層層排列的方向倒下。他撿起一本書，翻開浸得發皺的書頁。他從沒想過最微小的事物也有預測將來世界的價值。這讓他嚇了一跳。這些事物所佔據的空間本身就是一份期望。他拋下了書，往四周看看最後一眼，走進那道淒冷灰暗的光裡。」（p. 187）

7. R．傑．華萊士（R. Jay Wallace）在未出版的〈價值、創傷與人類的未來〉（Value, Trauma, and the Future of Humanity）一文中提到了這兩個問題。他也同意，如果人類即將滅絕，會有許多活動的真實價值也將減損，例如那些以終我們一生都很可能無法完成的長期目標為架構的活動就是。他認為，這種情況大概會落在某些醫療、科學方面的研究計畫和某些科技和建設改良的事業上。但是華萊士相信我們大多數人在落入不孕情境時的反應最好是當作面臨災害的創傷反應，而非評價錯誤。有許多重要活動我們之所以比較不願或不能參與，是因為我們受到了創傷，但是那些活動仍然有其價值。這種情況尤其容易發生在他所謂「中間類型」（intermediate category）的那些活動上（因為這些活動的價值既不純粹在於親身體驗，也不在於能促成什麼長期目標）。在屬於這一類的種種活動之中，華萊士說他想不出有什麼功利性質是會因人類即將滅絕而消逝的。

我也同意有些活動在人類將要滅亡時，仍能保有其部分甚至全部的價值，而既然華萊士也同意有些活動確實會失去其價值，那我們倆之間的差異就比較像是強調重點與程度的不同，而不是真的那麼壁壘分明。這種強調重點與程度之間的差別所反映出的，是我們對於有多少重要活動的功利性質會因人類即將滅絕而消失這件事的歧見。這份歧見有一部分是源於我們對於有多少重要活動具備長期目標架構的見解不同，畢竟華萊士也承認具備這種架構的活動，其價值確實會因人類即將滅亡而損毀。使我們產生歧見的另一部分原因，則是源自我們對華萊士所謂屬於「中間」類型的種種活動所具備的功利性質有不同的評估判斷。我在下文中會詳述我的評判。

8. 想想馬丁・路德・金恩博士於一九六八年四月三日，也就是遇刺前一天，在田納西州孟菲斯市發表的著名演說裡所說的名言：「我跟大家一樣，都想長命百歲。長壽確實有它的地位。但是我現在不關心那件事。我只想服從上帝的意旨，祂讓我走上山頭。我往下看，我看到了應許之地。我可能沒辦法與你們一同抵達那裡。但是今天晚上，我想讓你們知道，我們這一整群人，一定會到達那應許之地！」（全文見：www.americanrhetoric.com/speeches/mlkivebeentothemountaintop.htm）

9. 喬・考斯柯瑞利（Joe Coscarelli），〈藝術家提供畫作讓肯伊・威斯特拍攝《頗負盛名》〉（The Artist Providing the Canvas for Kanye West's 'Famous' Video），《紐約時報》二〇一六年六月二十九日C3版。

10. 我們的關懷會有跨時代性這一面，是珍娜・湯普森（Jenna Thompson）那本精湛的《跨世代正義》（*Intergenerational Justice*, New York: Routledge, 2009）中的重要主題。她說這概念是個人「超越自身壽命的意趣」，並且以這個概念發展出處理世代間關係的正義理論。

11. 比方說，大衛．歐文（David Owen）對《我們為何期待來生？》的書評（見《泰晤士報文學增刊》二〇一四年二月二十一日第二十一頁）就是一例。歐文寫道：「薛富勒認為，自私的人沒有理由光為了人類的延續這件事本身而珍視人類的延續。自私自利的人需要其他人來擔任他們活動中的參與者，擔任欣賞他們成就的觀眾。未來要有其他人存在只是為了達成這個自私目的的手段而已。人類的存續本身沒有意義，與我們自身的利益相比根本不值一提，它就只是讓我們看重任何事物的前提罷了。」愛米亞．斯林瓦森（Amia Srinvasan）也同樣在二〇一四年九月二十五日的《倫敦書評》（pp. 13-14）裡說，《我們為何期待來生？》一書的論述重點就是「在某個意義下，保護人類這個物種要比保護我們自身或我們所愛之人的性命，更能達成我們的自身利益」。

12. 這個論證是繼承了休謨（Hume）在《道德原則研究》（*Enquiry Concerning the Principles of Morals*）附錄二中的精神，談的是驅使人「愛己」（self-love）的前提需求。

13. 我在這一點架構上大抵同意華萊士〈價值、創傷與人類的未來〉的說法，只不過在他對於為什麼人類存續對我們很重要的解釋裡，忽略了我所強調的一點，也就是我們對人類的直接關懷。華萊士認為，從我們關心人類存續這一點來看，我們直接關心的就只有我們的價值能夠延續這件事而已。我在第三章中會再提到，他這個說法確實很重要，但說得還不夠完全。

14. 關於愛、評價、情緒感受之間的關聯，見柯拉尼（Niko Kolodny）〈愛是關係的衡量〉（“Love as Valuing a Relationship,” *Philosophical Review* 112 [2003]: 135-89）。我在〈珍視〉（“Valuing,” in *Equality and Tradition,* New York: Oxford University Press, 2010: pp. 15-40）與〈活動、關係與理由〉（“Projects, Relationships, and Reasons,” in R. Jay Wallace, Phillip Pettit, Samuel Scheffler, and Michael Smith, eds., *Reason and Value: Themes from the Moral Philosophy of Joseph Raz,* Oxford: Clarendon Press, 2004, pp. 247-69）中也討論過珍視與感受之間的關係。同樣的論點也可見於伊莉莎白．安德森（Elizabeth Anderson）《倫理學與經濟學中的價值》（*Value in Ethics and Economics,* Cambridge, MA: Harvard University Press, 1993）第一章。

15. 亨利・法蘭克福（Henry Frankfurt）在《愛的理由》（*Reasons of Love*, Princeton, NJ: Princeton University Press, 2004）中所說「愛的理由」的意思，跟我在這裡說的大致上相同，只不過我更特別指我們對人類的愛，而且也不採取法蘭克福用意欲（volition）來詮釋什麼是愛。蘇珊・沃爾夫在她的《人生的意義與其重要性》（*Meaning in Life and Why It Matters*, Princeton, NJ: Princeton University Press, 2010）中，也採用了法蘭克福「愛的理由」這個詞。

16. 見羅爾斯《正義論》，第二十二節。

Chapter 3

操心的理由

——珍視與互惠

我在第二章論證了除了慈善理由以外，我們至少有兩種理由要關心未來世代的命運：愛的理由與利益理由。愛的理由根植於我們對於人類存續的直接關懷；利益理由則源自我們要在此刻當下能活得有價值的基本利益，只是這項利益卻可能會因人類即將滅絕而受損。不過，我們對於人類滅亡會產生的反應倒揭示出了另一種理由，因為我們之所以會在思索人類末日時感到不悅，有一部分原因是由於這種反應既不是因為我們利益遭損，也不是因為我們所愛之人受苦遇難，而是因為我們所珍視的許多其他事物會因此毀滅崩壞。

我在《我們為何期待來生？》中強調過，我們對事物的珍視有其保守面向，大概可說是在珍視某物與想要那事物恆存兩種概念之間的一種關聯。[1]一般說來，我們不會坐視自己所珍視的事物遭到毀滅；我們不會對它們的存亡與否無動於衷。誠然，我們的保守主義傾向正如席恩娜・西弗林（Seana Shiffrin）所言，是種複雜的現象。[2]在某些情況中，我們想要維持的是自己所珍視的某些個別事物，例如藝術作品、美麗建築、人際關係等。但在另一些情況裡，我們想維持的則是該事物所屬的類別而非個別品項，好比美食、美好的音樂會、盡興的談話等。我們不會希望這種事物的個別事例永遠持續下去，反倒會希望這類事物能不斷推陳出新。我們也確實會珍視某些轉瞬即逝的事物，像是營火、沙雕、流星等，我們的這種保守傾向會與我們的其他態度有些衝突。舉例來說，我們除了希望維持自己珍視的事物之外，也會希望創造出新的價值形式和新的珍視事物。我們不僅是保守的一群，也是創新的物種，所以有時候保守的衝動會與創新的衝動彼此扞格。[3]可是這種保守傾向與其說是拒絕新意，倒不如說全都是講求資格。一般說來，珍視某個事物和希望該事物能夠恆存常在彼此之間，確實有一種強烈的關聯。

這層關聯多少能解釋我們在面對人類即將滅亡這情境時的反應，因為這個情境之所以嚇人，有一部分原因正是我們體認到有多少自己所珍視的事物會隨著人類滅亡而消逝。由人類活動所構成或依賴人類活動而存在的一切可貴事物，全都會隨著人類滅絕而佚失，再也不會有美妙的歌聲、優雅的舞蹈、親密的友誼、溫馨的親情、詼諧的笑話、仁慈的善舉，或是孤寂的表現了。我們所珍視的其他事物——例如有形的物品——可能會再留存一陣子，但是也不會有誰能欣賞它們的價值了。因為一旦人類滅絕，除了可貴事物會佚失之外，就連「珍視」這回事也從此絕跡了。價值能不能在珍視活動存續下去——在一個沒有評價者的世界裡，說有什麼價值存在到底能不能說得通——可以留待哲學家去思考，但對於要理解我們在面臨人類即將滅亡時的反應而言，這問題的答案其實無關緊要。我們在思索末日情境時會感受到的那份恐懼或不悅，有一部分是由於有一大堆我們所珍視的事物，會隨著我們已知有能力評賞價值的物種整個消逝而弭於無形。這份恐懼也指出了為何未來世代的命運對我們很重要的另一個理由：因為從我們正在談的這個評價方面上來說，人類的未來就是價值的未來。這意味著除了愛的理由和利益理由之外，我們還有第三種關心未來世代命運的理由，我稱之為評價理由（reasons of valuation）。這裡的重點既不是我們對於人類的直接關懷，也不在於我們能夠在有生之年從事重要活動的利益，而是在於我們希望自己所珍視的事物——以及「評價事物」這個現象——能夠在未來繼續長存。[4]

最後，我現在還打算說，我們還有另一種認真看待未來世代利益的理由，也就是互惠理由（reasons of reciprocity）。我先解釋一下這理由是什麼意思，大家在跨世代的脈絡之下談到「互惠」一詞的時候，通常是把這個詞當作我們有理由「付出」（pay it forward）的意思，或者是說以我們得益於前人（或可能該如此獲益）的方式來造福後代。這種解釋有時會稱為寬鬆意義下的互惠原則，或是間接互惠原則，或是某種類似互惠原則的東西。比方說，山謬．傅利曼（Samuel Freeman）在談論我們應該以自己原本想從前人那邊得到照顧的方式來造福後人的某種原則時，就說：「這雖然不是互惠原則——畢竟未來世代沒辦法像我們造福他們那樣施惠於我們身上——但這在結果上很像互惠原則。『得之前人,蔭之後人』。」[5][6]但姑且不論這樣的原則有多麼可信,都不是我要談的互惠理由。我要提出的反而是乍聽之下會比較難以置信的主張,也就是說,我們與未來世代是真的處在互相依存的關係之中,而且正因這樣的關係,所以我們才有認真考慮他們利益的互惠理由。

這怎麼可能呢?我們與未來世代的關係可是遠遠比互惠關係更不對稱啊![7]畢竟我們的後代都得靠我們才能存在,我們有能力以千百萬種方式影響他們在人生中會遭遇的事。說到底,我們有能力決定他們究竟會不會出生。這不僅是說我們有能力影響後代的人數多寡、生活過得如何;說得極端些,我們有能力決定人類這物種究竟還會不會延續下去。相對於此,我們就不是在因果上這樣依賴後代而存在,等到未來世代出生後,他們也不可能回頭反過來決定我們能否存活,也沒辦法在因果上影響我們人生中曾經發生過的種種事情。

當然，這並不表示他們後來會怎麼樣對我們而言根本無關緊要。再怎麼說，他們也許都能成就或糟蹋我們的遺願。他們能決定我們是會受人緬懷還是不復記憶，是褒揚稱讚還是羞於啟齒；他們對我們的所作所為可以做出公正的描述，也可能偏頗不公，甚至連提都不提；他們可能接手我們的成就、發揚光大，也可能棄若敝屣、付之一炬；他們甚至能讓某些在我們人生中發生的事成真。舉例來說，在你死後才出生的某個人，可能會讓你這輩子裡結交的某個朋友當上一名瘋狂殺人犯的高祖父，或是某位諾貝爾物理學獎得主的曾祖母。這些事在在顯示，即使未來世代對我們這輩子發生什麼事不會有任何因果影響力，但我們的人生終究還是有些面向得靠他們才會實現。但是我在說我們有認真考慮他們命運的互惠理由時，指的是我們對他們有一種更根本的依賴關係。如果我先前所說的沒錯，我們確實不僅只是因為先前所提的種種理由而依賴未來世代，也因為我們現有各種活動的價值皆隱然依賴於還相信後人存在的信心上，而且也有許多活動的實際價值的確仰賴於後人存在這件事，那麼，在這個意義下，我們在評價方面其實就有賴於他們的存在。而且，既然人類若是滅亡在即會使我們深感痛苦，那我們在情感方面也就同樣要依賴後人的存在。這就表示，我們與後代之間的關係其實有一種特別的相互依賴性。一方面，他們的生活品質與他們的性命在因果上仰仗我們的作為；另一方面，我們在評價與情感方面則需依靠後代，端賴他們的生存興亡。

在這種相互依賴的關係裡，其實容有能以我所謂「評價互惠」（evaluative reciprocity）這種互惠觀念處理我們與未來世代關係的餘地。後人能夠存在是我們能夠活得有價值的前提，因而也可說有助於此；同時，我們又有各種不同方式可以讓他們將來有能力過得更好。正因有這些互惠關係，我們在愛的理由、利益理由和先前談過的珍視理由之外，還有關心後代命運的互惠理由。

但是說「後人能存在是我們能夠活得有價值的前提」這句話，究竟意味著什麼呢？這個觀念其實包含兩個面向，第一，這意味著我們相信他們會存在的這份信念在因果上能使我們保持心情平靜，而且讓我們相信自己所從事的活動有價值。第二，這也意味著他們存活與否本身就決定了我們許多活動的真正價值，而且也正因如此，才使我們有了相信這些活動有價值的各種理由。我們會如此相信的理由是來自於他們確實存活這件事實，而非來自我們對這件事實的信念。這是我們內心裡都隱隱知道的事，假如我們確知不會有後人活著，那吞下能讓我們誤信還有後代存續的藥丸，大概也給不了多少安慰，我們才不會因此就接受各種活動能夠重拾往日價值。

以此方式來刻畫未來世代究竟如何使我們活得有價值十分重要。這表示在我們與未來世代之間的關係上，若將互惠關係當作先前引述山謬．傅利曼話裡的那種想法，只把互惠關係中的彼此都當作在因果上互相影響的單位，那大概就行不通了。存活在未來某個時刻的後人，顯然無法在因果上對我們現在的福祉有何助益，頂多就只有他們會存在的這份希望，也就是我們相信他們會存在的信念，才能夠說有此功效。不過，我所謂的評價互惠觀念在應用到未來世代身上時，可就是截然不同的另一回事了。這個觀念一方面說的是我們可以在因果上增進未來世代活得好、活得有價值；而另一方面則是他們的存在會以其他方式使我們活得有意義、有價值。他們對我們最大的貢獻不是因果上的助益，而是理性上的肯定，因為他們的存在，才讓我們有了相信自己許多活動仍有價值的理由。正如我先前所說的，這是我們自己深信不疑的事，因為假使我們認為再無後人存在，那我們就比較沒有理由去從事我們現在深切珍視的種種活動了。

然而，既然我們與未來世代之間的因果關係如此不對稱，也就不免有人仍會懷疑我所說的究竟是否真的算得上是互惠的一種形式。他們會想要繼續主張我剛剛才否認過的那種互惠觀，也就是為了要在這脈絡下恰當地談論何謂互惠，未來世代就必須要能對我們的生活有因果助益。乍看之下，這彷彿只是沒什麼要緊的口舌之爭，只是在爭辯究竟「互惠」這個詞怎麼用而已。不過，這可不僅僅是當作字詞操弄就能解決的問題。「互惠」這個詞之所以在我們與未來世代關係這脈絡下可稱為恰當使用，是因為即使我們依賴他們的形式與他們依賴我們的形式有所不同，彼此仍處於一種真實的相互依賴關係之中。雙方都依賴對方的所作所為以及生命際遇，因而也深受彼此影響，這就是為什麼可以恰當地說這種關係是一種互惠關係。[8]

我說用「互惠」這個詞用得恰當還有另一個理由。這本書的主要目標是要考慮我們有哪些理由關心未來世代的命運，但是這個理論問題之所以有意思，大部分原因是由於它會關聯到實踐上的問題：什麼才能真的驅使我們著手處理後人所面臨的嚴重威脅？一般說來，互惠理由通常是特別有力的動機。比方說，羅爾斯在《正義論》裡就曾經論證過，人性之中有種深刻傾向，會回報他人的愛意與他人對自身福祉的關懷，而這種傾向，若配合良好環境，將會在人成熟的漫長過程中扮演關鍵的推動角色，使人最終成為道德動機成熟的成人。羅爾斯反對效益主義的論證就建立在他的正義原則其實就是互惠原則這一點之上，也就是說，正義原則本身就體現了互惠觀念。依此，正義原則能夠有特別強力而穩健的驅動力，因為它們本就是道德動機最原初樣貌發展出來的延續心態。羅爾斯主張，相對於效益主義以同情心為配合協同的主要理據，他的正義原則所訴諸的是更穩固、更確定的互惠動機。[9]

我用「評價互惠」這個詞來描繪我們與未來世代的關係，意思是要說對於一般的互惠理由夠敏感的人在看待我們與未來世代之間的關係時，如果他們了解在這種關係中的相互依賴，那他們就能發現其中也有類似的互惠理由。即使大家還不知道這種互惠理由，也不會是反駁這個主張的關鍵證據，這件事實充其量只能說我們還沒有真正面臨到人類即將滅亡這回事。即使是會對人類未來最感憂心的人，在靜心思索時，也往往會如同平常一樣，假定人類還會繼續在地球上無止盡地繁衍下去。就算只是一廂情願，既然我們心裡會把人類存續當作理所當然，我們也就永遠沒有機會體認人類存續這回事對自己有多麼重要，無從察覺我們有多麼仰賴這件事才相信自己的種種活動有其價值。

所以我用「評價互惠」這個詞，是同時建立在心理學與一個概念猜想之上。這個猜想是說，假如一般都能夠進行互惠考量的人，也體認到在我們與未來世代之間有種相互依賴的關係，那他們就會因為這份相互依賴，而把這種關係當作行動的理由。也就是說，評價互惠對他們來說就是一種互惠關係。如何形容這種關係並非問題所在，我不是說他們會拿「互惠」這個詞來描繪這種行動的理由——他們可能會如此，也可以不是如此。我的意思是說，對他們而言，對於評價互惠的考量會涉及進行一般因果互惠考量時的同一種動機傾向。這就是我用「評價互惠」這個詞所依據的心理與概念猜想，也因此這個詞可以說更像是種譬喻或者只是名詞操弄。說到底，真正更重要的是這個猜想而非那個詞彙。如果有人接受這個猜想，但堅持不用「評價互惠」來指稱我所描述的這種現象，那其實也不是真的對我說法有所反駁。

這樣一來，我要主張的其實就是說我們與未來世代之間的關係，是按評價互惠這個觀念運作，而且我們也因此有了確保他們存活興旺的互惠理由。也許有人認為這個說法會引起帕菲特的「非同一性問題」（Non-Identity Problem）的某種改編版本。[10]一般說來，當我們某個行動之所以被當作錯誤舉動，是因其結果會敗壞未來人類的生活，但是假如我們不採取那種行動，那這些未來人類根本就不會存在。此時，才會出現非同一性問題。要是我們不做那種可能遭致批評的舉動，他們的生活也不會因此變得更好，既然如此，又哪裡能說這些行動會害了他們？而既然沒有害到他們，這個行動又怎會該受道德譴責？

這個問題也許可以稍加改編，套用到我所描述的互惠理由情況上。假設我們決定忽略那些理由、照做不誤，結果導致後代的生活真的比我們改弦更張後可能出現的情況更糟；但是假如我們真的改弦更張，則我們的後代就不會是同一批人（我們暫且如此假設）；假如我們沒有忽略互惠理由，實際上繼承我們的那批後代根本就不會存在。那麼，既然他們的人生不會因為我們有不同作為而好轉，我們的所作所為又怎麼能說對他們不義？

不過，我並沒有說如果我們不顧互惠理由而為就是不仁不義。雖然就像我先前提到羅爾斯時說的一樣，互惠通常被視為在道德動機中扮演了重要角色，但我並未說我所談的互惠理由是道德理由，我也沒說不顧這些理由有何道德錯誤可言。我對互惠理由的描繪，都是說這些理由是要確保未來世代的存活興旺，之所以會有這些理由，是因為後人的存活興旺讓我們有了相信自己的許多活動會有價值的理由。我先前提過，而且我後面就會再仔細解釋，我所討論的這些理由究竟是不是道德理由根本就不會對論證有任何影響。真正要緊的就只是這些理由確實有貨真價實的規範力道。回到非同一性問題上，真正的關鍵在於，未來世代給我們信心的理由以及我們確保他們存活興旺的互惠理由這兩者，都不用假定組成這些未來世代的究竟是哪些特定個人。所以就算我們不依照互惠理由而為，結果生下了不同一群人，那也無妨。如果我們不遵照這些理由而為，就只是說我們沒有試圖要確保未來世代的存活興旺。換句話說，我們沒有採取能確保世世代代繁衍興旺的辦法，但是我們其實有理由該那樣做才對。

如果我說得沒錯，那我們除了慈善理由之外，就有至少四種理由該關心未來世代的命運：愛的理由、利益理由、評價理由、互惠理由。我在第二章開頭時說過，我並未假設這些理由人皆有之，只不過很多人都會有這些理由。我也沒說我講的這四種就窮盡了所有立基於慈善理由以外的理由，比方說，我們可能也有某些學者所說的「間接互惠」理由，[11] 也說不定我們還會有其他種類的理由。[12]但是我所討論的這四種理由，都確實包含在我們的理由集合之中，都是我們現在活著的人尋求確保後代存在與旺的理由之一。

我在第一章裡提過，在關於未來世代問題上訴諸慈善的那些著作有三項限制。第一，這種寫法會鼓勵大家將我們與後代的關係過度道德化，而且容易使我們忽略人類存續這項更重大的價值意義。第二，即使在道德領域裡，這種專注於慈善責任的寫法也太過侷限，結果導致過分偏重「人口倫理學」的種種難題。這窄化了道德反思的視野，也容易讓人避而不談在我們與後代的關係中還有哪些道德價值和原則可以依循。說實在的，在像哲學這種排難解惑的學科裡，如何解決人口倫理學的難題只會叫人更專注尋求解方，反而更令人不去思考一大堆關於人類未來對我們有何意義的重大問題。第三，由於在效益主義傳統底下談慈善責任的說法，都必須十分依賴同情心來當作配合協同的動力，所以這些談慈善的文章實在沒能提供多少理由能讓人在實踐面上、尤其是在政治面上採取有效作為，以確保未來世代存活。

雖然我對廣義的效益主義式「慈善原則」在思考我們對未來世代負擔的責任時扮演多吃重的角色有所保留，但意思不是說慈善理由完全沒有用。[13]我所提出的四種理由，是要補充而非排擠我們可能抱持的慈善理由，而且思考這些附加理由也許還有助於克服只採取慈善觀點時會遭遇的三種限制。[14]這該如何理解呢？

第一，我先前強調過，我無意將我提出來的這些理由歸為道德理由或非道德理由，我也沒有做出任何訴諸道德責任的結論。這乍看之下會讓我的論述看起來怪怪的。當然，這是看起來有點怪，畢竟我們都對自己的後代有些道德義務，而且這正是我們要關心他們命運最明顯的理由。但是我之所以不用道德語彙來討論，是基於兩個補充理由。一方面，對自己後代的道德義務究竟有何性質、範圍多大，其實我們完全不清楚。效益主義對這些義務的說法太不可信，而非效益主義的主張又太過粗糙模糊。另一方面，如果我們太過專注在義務問題上，就可能會忽略掉我們關心後代生活的理由有多麼繁複多樣。我們可能會創造出一種印象，或是加強原本就有的這種印象，認為我們之所以要在乎他們命運的唯一理由，就是可以藉此盡了我們的道德責任。我在第二章與第三章所做的，就是要打破這種印象，展現出我們其實有關懷後代的整套理由。為利於討論起見，真正的關鍵並不在於這些理由是不是道德理由，而是在於人是否能體察肯認得到這些理由，在於這些理由規範力道是否清楚明白。重點是——我覺得這一點真的明確有力——假設我們了解未來人類其實早已對我們十分重要，我們就能夠明白自己有各式各樣確保後人存活與旺的理由。說不定這些理由之中有些是該歸類在道德理由，也說不定我們除了我提過的這些理由之外，還有其他道德理由該這麼做。但就討論的目的而言，實在沒有必要一次就確立這種種可能性，所以我才會乾脆擱置不談。

第二，既然我提到的這些理由全都獨立於慈善理由之外，也就沒有像談慈善的那些文章那樣容易限縮探究的焦點。我這些理由不會讓人把注意力全放在人口倫理學的種種難題上，反而能讓人更自由地思索在我們的行動與所選擇的生活方式中，最能展現出這些理由的種種不同想法。

最後，在實踐上、政治面上有什麼方式可以解決未來世代面臨的威脅，也還是個問題。當然，我所提的四種理由也沒有提出解答。這些理由並未展示出未來世代可能採行的政治樣貌，但是它們倒是的的確確展示出那種政治樣貌不必完全仰賴我們出於同情心的不定施捨。我所提出的四種理由——愛的理由、利益理由、評價理由、互惠理由——全都能夠激發人採取確保未來世代存活與興旺的行動，剩下的就只是要能夠達成這項目標的有效計畫與策略而已了。當然，要擬定這些計畫與策略註定是困難重重。[15]但要是我們假定效益主義式的同情心是唯一能夠驅使我們付諸實踐的動機，那才是真正無謂的難上加難。一旦擺脫這項假設，就能明白雖然替未來世代打造有用的政治制度確實是一項艱困任務，但我們並不缺任何理由與動機來支持這種政治政策。若說我們在認真處理未來世代所面臨的威脅時，有任何缺陷困難必須克服，那肯定不僅是在政策面上的難處，更是在動機層面上有所缺失。

的確，如果從以慈善角度處理未來世代問題的那些文章觀點來看，我所提出的結論大概頗令人失望。我沒有提出一套甚至一整組能夠與慈善原則相提並論的替代原則，只指出了我們為什麼該關心未來世代是否存活興旺的理由。這看起來似乎在決定我們該做什麼行動時，沒辦法提供關於如何將未來世代納入考量的詳細指引，甚至該說根本毫無指引作用。

沒錯，我是真的沒有提出像帕菲特的「X理論」那種極為廣泛的大原則，那種原則應用在大家所做出的每個選擇時，都能提出可以接受的結論。正如我在第一章中說的，我不相信我們應該任憑這種原則來決定我們如何思考未來世代的事，可是說我的結論沒有一丁點規範指引可就毫無道理了。我主張我們有至少四種強力理由希望人類世代鏈結能無盡延伸到未來，過得富庶興旺。我們想要如此的理由，也正是我們藉以確保如此的理由：盡我們所能，在我們有限的知識以及對未來各式各樣的不確定性下，極力保障未來世代能夠不斷繁衍下去，活得舒適愜意。

這還不足以當作在各個情況中都能提供正確行為指引的全面性原則或精確準則，但是這確實從好幾種不同價值中提煉出一個規約性的理念，建立了一套夠清楚、夠適當的規範意義標準。說這套標準具備規範意義，就是說我們可以違反這套標準，也知道違反這套標準是怎麼回事。舉例來說，假如我們從事的活動類型會讓地球在這個世紀末或下個世紀末變得不適人居時，我們就違反了這套標準。在我想來，會違反這套標準就提供了為何該反對這類活動的強力解釋，而且這個解釋也不用等到苦苦求得一套令人滿意的慈善原則或如帕菲特的X理論才說得通。

這個解釋也不依賴對於我們自己，或我們在世上處於何種地位的高度道德化理解。最起碼，我所提出的原則不是訴諸道德責任或義務的論證，而是由愛、利益、評價與互惠等理由來支持，這些理由指出了人類多樣而廣泛共享的種種動機。不是只有道德超人、道德專家或道德敏感的人才有理由關心未來世代的命運，才能說在正確的情況下會受關心後代命運的理由所推動。

這一點的實踐意義再明白不過了，但是這又回到我在第一章開頭所提過的問題。我的出發點是我觀察到我們大多數人都欠缺思考人類延續之價值的評價資源，我們對於自己在時代中的地位，或對於我們與其他時代人們的關係有何意義，都沒有可信而細膩規範的理解。我在第二章和第三章所做的種種考慮都沒有違背這些觀察，反倒能解釋為什麼會有那麼多人認為我們欠缺對未來的評價思考會是一種匱乏，可以說明為什麼會隱隱覺得其他世代對自己具有一種我們難以說清的重要性。

當然，我所談論的這些考量也不是我說的那些評價思考缺陷的解藥，我這些想法並沒有對我們在世代傳承中居何地位的意義提供一套完整的思想。這不是光靠任何哲學著作就能做到的事，這種完整思想必須出自於我們對自身文化的廣泛思考，而且也立基於此。誰知道將來會發生什麼事呢？我所做的，就只是提些比較保守的主張。我試著證明我們不該對明擺著的時代本位主義處之泰然，不該假設我們沒有在我們與前人及後代之間的關係中尋求評價意義的衝動，也不該假定我們對未來世代的命運無動於衷。即使我們對自身在時代中居何地位的評價意義沒有共通理解，而且我們面對氣候變遷和其他種種危及人類生存的嚴重災難經常罷手不理。但若是仔細思考，會發現我們的價值架構，其實預設了人類存續及世世代代繁衍到未來對我們而言有多重要。

無論這件事的實踐意義是什麼，這件事本身都有助於我們如何理解自己和我們重視的各種價值。這件事意味著假如我們想要進一步思考我們在世代傳承中居何地位的重要性，這層反思的起點——即我們開始思考的預設背景——就不能是假定我們互不關心。我們早就已經關心自己在時代中的地位、關心未來世代的存續了。我們只需讓自己能體認到這一點，再來就是要盡力從中推出適當的實踐結論來力行了。

註解

1. 我先前曾在〈移民與文化重要性〉（"Immigration and the Significance of Culture," *Philosophy and Public Affairs* 35[2007]: 93-125, reprinted in *Equality and Tradition*, pp. 256-86）與〈傳統的規範性〉（"The Normativity of Tradition," in *Equality and Tradition*, pp. 287-311）中談過這層關聯。

2. 見西弗林〈保留珍寶還是保留評價？〉，收錄於《我們為何期待來生？》。我在這兩段中的討論深受西弗林的啟發。

3. 不過，我在第五章會論證這兩種衝動並不總是彼此衝突。

4. 華萊士特別強調了這份慾望在解釋我們面臨人類末日情境的反應時所扮演的角色，見華萊士〈價值、創傷與人類的未來〉；西弗林也同樣相當重視這一點。

5. 山謬・傅利曼，《羅爾斯》（*Rawls*, Abingdon: Routledge, 2007），p. 139。

6. 「間接互惠」這個重要觀念可以參考艾克索・高瑟利（Axel Gosseries）的〈跨世代互惠的三種模式〉（“Three Models of Intergenerational Reciprocity,” in A. Gosseries and L. Meyer, eds., *Intergernerational Justice*, Oxford: Oxford University Press, 2009, pp. 119-46）。至於對間接互惠體系能夠存在而且也確實存在的有力辯護，請見喬瑟夫・西斯（Joseph Heath）〈跨世代合作的結構〉（“The Structure of Intergeneration Cooperation,” *Philosophical & Public Affairs* 41[2013]: 31-66）。

7. 請見布萊恩・貝瑞在〈世代之間的正義〉（“Justice Between Generations,” in Hacker and Raz, eds., *Law, Morality and Society: Essays in Honour of H.L.A. Hart,* Oxford: Oxford University Press, 1977）對這一點的強力論證。

8. 這種不對稱的互惠形式有個驚人效果。如果有人問評價互惠理由會叫我們做些什麼，那廣泛來說的答案，就是這些理由會叫我們去做最能夠增進未來世代存活興旺的事。但是若真這麼做，那我們實質上就是在提供相信未來世代事實上會存活興旺的理由，而這正是我們這些活動之所以能維持本身價值的條件。這就意味著促使我們替後代付出的同一行徑，其實也就確保了他們能對我們有所貢獻，這就是後代在因果上依賴我們，而且我們在理性上依賴他們這件事會導致的結果。有人會認為這是「互惠」這個詞在這裡不適用的另一證據，但我反倒覺得這正是這種互惠形式的優點所在。

9. 羅爾斯，《正義論》，第七十節至第七十二節、第七十五節至第七十六節。

10. 見帕菲特《理由與人》第十六章。關於這個問題的討論文獻汗牛充棟，大部分近期文獻在大衛·布寧（David Boonin）艱辛的長篇研究《非同一性問題及關於未來人類之倫理學》（*The Non-Identity Problem and the Ethics of Future People*, Oxford: Oxford University Press, 2014）中皆有論及。

11. 見註6。

12. 羅傑·史庫頓在《為地球認真思考》這本別開生面卻又間或惱人的著作中，強力論證他所謂「愛家」（oikophilia）這項動機的重要性，也就是「對家園的愛」。史庫頓認為這項動機是關懷環境和未來世代的重要基礎，只是罕為人知。

13. 我在第四章會細談慈善理由所扮演的角色。

14. 我說我提的這四種理由是補充而非排擠任何可能的慈善理由，意思是我們不需要否定任何一種理由才能肯定其他理由，而且大家原則上可能這五種理由統統都有。我也假定，談到未來世代的時候，這些不同種類的理由在許多情形下都會支持同樣的行動，但這並不是說這些理由所支持的行動絕不會彼此矛盾。舉例來說，說不定在某些情況中，適當理解的慈善理由可能會與利益理由或評價理由彼此衝突。

15. 湯瑪斯．威爾斯（Thomas Wells）提過一項有意思的政策建議，見〈替將來的人投票〉（"Vote for the Future," *Aeon*, May 8, 2014）。並見丹尼斯．湯普森（Dennnis Thompson）〈代表未來世代〉（"Representing Future Generations: Political Presentism and Democratic Trusteeship," *Critical Review of International Social and Political Philosophy* 13[2010]: 17-37）。對未來世代所面臨問題的制度性辦法，也有相當振奮人心的經驗研究，見豪瑟（Oliver P. Hauser）、蘭德（David G. Rand）、佩沙科維奇（Alexander Peysakhovich）與諾瓦克（Martin A. Nowak）合著的〈與未來世代合作〉（"Cooperating with the Future," *Nature* 511[July 10, 2014]: 220-3）。

Chapter 4

依附與價值論

我所主張的，是我們有至少四種不同理由要關心未來世代的命運：愛的理由、利益理由、評價理由、互惠理由。這些理由都直接或間接地依賴我們現在所珍視的事物，或者換句話說，這些理由都有賴於我們既有的評價依附（evaluative attachments）上。所以我們可以說，這些理由都是依附型理由（attachment-based reasons）。這在我所謂的「評價理由」上最容易看出來，評價理由之所以是關心未來世代命運的理由，是因為我們所珍視的許多事物都有賴於未來世代的存續。這些理由有賴於我們既有的評價依附，看來是再直接不過了。而愛的理由既然來自於我們對人類的愛，那麼也就會有同樣明顯的依賴情形，畢竟對人類的愛其實是一種特殊的評價依附：依附的對象就是人類本身。利益理由與互惠理由也依靠我們對人類的愛以及我們既有的評價依附，所以也同樣依賴於我們所珍視的事物。所以說，這四種全都是依附型理由。

我們關心未來世代命運的理由全都依賴我們所珍視的事物，這整件事在好幾個方面都有重要意義。但是這份依賴究竟是怎麼回事？我們的理由是怎麼建立在我們珍視某些事物這件事實上？如果我們珍視某個沒有價值、甚至是邪惡的事物，那我們珍視這個事物是否就表示我們有理由維繫、保存這個事物？在我看來，珍視看重某個事物涉及了綜合許多態度傾向的複雜集合，包括相信某個事物有價值的信念、能夠體驗在不同脈絡下對該事物所懷抱的情緒，以及會在相關思辨脈絡中將關於該事物的考量當作行動理由的傾向[1]（這裡的「事物」是廣義用法，包括我們所珍視的任何對象）。這就表示我們有可能會把某個事物當作寶貴的東西，但實際上卻不珍視那個事物。事實上，我們大多數人都會認為許多事物很寶貴，卻一點也不重視。珍視某個事物包括的不僅是相信該事物可貴的這份信念而已，用我所創的詞彙來說，我們可以說珍視某個事物還涉及了對那個事物的某種依附，或者也可以說是某種投入（investment in）、某種承諾（engagement with）。這種依附、投入或承諾，是由我剛剛所說的那些態度集合構成，也就是說，這種依附包括情緒感受能力和一種會認為自己有理由為了那個珍視事物（而且不會為了同一種類的其他可貴事物）而行動的傾向。[2]

舉例來說，如果我珍視與你之間的關係，那我通常就會在你受傷時感到難過，會認為自己有理由在相關的思辨脈絡中代表你行動，但是並不會代表我會對其他同樣重要的人這麼做。所以，按照邏輯上肯定前件肯定後件規則，如果我珍視我的某個計畫或是某件傳家寶，我也會這麼做。雖然我會因為珍視的對象不同而有不同的行動理由，但這些理由卻幾乎都會包含為了保持該事物的存在這個理由在內。這就是我為什麼在第三章中會說我們在評價方面有保守的面向，也就是在珍視某個事物與希望那個事物能持續存在下去之間，有某種近似概念連結的關聯。我們的評價態度裡就內建了想要保持珍視事物存在的這種保守傾向。

當然了，就算我們真的珍視某個事物，也不代表這麼做就是對的。我們有可能會犯錯，通常我們犯下這種錯誤時，是因為我們所珍視的那個東西並不具備我們以為它該有的價值。況且，還有許多無疑可貴的事物只有與該事物處在特殊關係中，居於適當地位的某些人才能夠合理地珍視或是以某種特定方式來珍視。[3] 比方說，雖然我可以知道在我們倆之間的友誼十分可貴，但如果沒有特別解釋，我就沒辦法像你那樣合理珍視這份友誼；如果我真的以你才能合理採取的方式來珍視這份友誼，那就是我搞錯了。只不過這種情況大概相當罕見，而且有些人甚至還會懷疑是否真的可能有這種事發生。但就目前的討論而言，我們可以說，如果我們犯錯的方式是這兩種情況之一，那就沒有理由採取我們以為自己該做的行動。不過，既然我們對價值並不抱持極端的懷疑論，我們就沒有理由說我們的評價態度是徹底的誤會、不理性，也沒有理由說我們徹底搞錯了對於自己行動的理由內容。有許多事物確實很可貴，而且既然我們珍視（而且處在恰當的評價地位來珍視）真正可貴的某些事物，那我們就可以說是正確地自認有理由為該事物採取行動。這些理由會比我們任何人因為該事物所具備的內在價值而擁有的理由還要更崇高、更重要。

所以回到先前的例子來看，如果我珍視我與你之間的友誼，這份友誼也確實十分可貴，那我就可以說是正確地認為我自己有別人所沒有的理由要為你採取行動，而且我對其他不是我朋友的人也沒有這種理由要如此行動。如果我珍視一塊家裡流傳好幾代的古董毛毯，而那塊毛毯也的確十足珍貴，那我就可以正確地認為我自己有別人沒有的理由好好照料保存它，而且我對其他珍貴的毛毯沒有這種理由要這麼做。這並不是說我完全沒有理由為不是我朋友的人做事，或是我絲毫沒有保存他人傳家寶或古董毛毯的理由。這只是說，珍視某個特殊的寶貴物品（而且我們也處在恰當地位時），我們就有比光是人人都能看出該事物之內在價值還要更強的理由去採取某些行動。

如果我說的這些沒錯，那麼光是我們珍視某個事物這件事本身並不足以讓我們擁有這些理由。要擁有這些理由，除了要珍視這件事物之外，這事物本身也得要確實可貴，而且我們還得處在一個能予以珍視評價的適當地位，這些條件加起來應該就足夠了。為利於討論起見，我們談的重點會放在先前那四種關心未來世代命運的依附型理由是不是全都滿足這些條件。雖說這些理由依賴我們的既有價值與評價依附，而且超越了我們所依附事物本身的內在價值所衍生的任何理由，但它們之所以是真實理由則純粹因為：（A）我們所珍視的價值確實可貴；與（B）我們處在一個能合理評價那些事物的地位，而且也只有在這兩種情況下才是如此。

既然依附型理由依賴我們的評價態度，而這些態度又內建了一種保守傾向，那麼這些理由自然就依賴在我們的保守傾向上頭，也會反映出這種傾向來。不過，說我們關心未來世代命運的理由有賴於一種根本的保守傾向，這想法大概有些出人意表。[4]我在這一章和下一章要做的，就是進一步檢視這個保守傾向的角色，並試著闡明三個不同論點。第一個論點是將關於我們關心未來世代的這份理解，與透過慈善觀點談人口倫理學而提出的見解彼此對照；這個論點我在這一章就會討論，下一章結尾時會回頭再提。第二個論點則是關於保守傾向本身究竟由什麼所構成？該如何理解？這種傾向與保守主義的其他形式有何差異？最後一個論點，是如何將這般理解下的保守傾向，納入我們評價態度與我們對時間的態度之間關係的這個大脈絡之中。後面這兩個論點我留到第五章再來談。

我想要論證的其中一點，是至少從評價方面來看，現代確實在某個意義上有賴於未來。要是不相信人類能夠延續到未來，我們當下在自身活動中尋求價值的能力就會受到嚴重毀損。對這想法最直接的抗拒來源，就在於我們大部分人都不覺得自己有任何價值或意義依附在未來世代的存活之上。我們大多數時候壓根兒都不會想到人類存續的問題，大多數人都專注在自己目前手上的活動，忙著努力謀生，心心念念都是我們希望在這輩子就能實現成就的價值。若要說我們十分關心人類存亡，關心到連在日常生活中尋求價值的能力都依賴對於人類永續的信心，實在不免啟人疑竇，甚至是荒唐無稽。

明白保守傾向在支持我們關心未來世代的命運時所扮演的角色，能解開這個謎團。雖然正如我先前所說，我們在當下活動中尋求價值的能力有賴於我們對未來的假設，不過我們對於未來的評價態度，也同樣透過我們的保守傾向而建立在我們現在所肯定的價值之上。我們關心未來人類存續的理由深植於我們當下此刻對人類的愛，以及對於各種由人類活動所構成，或依賴人類活動而有價值的事物的既有依附之中。正因關心未來人類存續，所以人類滅亡的景象才會損害我們當下在活動中尋求價值的能力。這就意味著在我們對於現在與未來的時間與價值所抱持的態度之間有一種良性循環，我們現在所接受的價值會讓我們有更強的理由關心人類的未來，而我們既然確實關心人類未來，人類滅亡的景象也就因此愈會損害我們在當下活動中尋求價值的能力。

對我們的保守傾向與對未來世代的關心之間所描繪的這種關係，我會帶出幾個問題，先前說過，這會令人揣想這種保守主義的性質，也會探問我們對不同時代與價值的差異態度如何統一。但是在回答這些問題之前，我想要先比較若我們是如此理解自己關心未來世代的理由，那與透過慈善觀點談人口倫理學而提出的見解有何異同。

我們很自然就會有一種天真的想法，認為對未來世代的關心是一種純粹前瞻的態度，而保守主義則是一種純然後顧的態度，所以這兩者若非彼此毫不相干，就必定是扞格不入。大家大概會認為保守主義者就是想要維持現狀，而認真看待我們對未來世代之責的人則會想要改變現狀或轉日回天。然而，若照我所陳述的那種依附型觀點來看，對未來人類的關心自然而然地就會從我們對於現在所珍視事物的保守關懷流露出來，而且這份保守關懷在理性與動機上也支持了我們對後代的關心。事實上，是我們這份現有的評價依附將我們的關心推向了未來。

但若按照從慈善觀點探討未來世代的那些著作角度來看，情況就不一樣了。這些著作的主要焦點都放在「人口倫理學」的問題上，而它們探討這種問題的標準解法之一，就是描述一些世界或是某個世界的可能狀態，而那些世界裡的人口數量、組成、生活水準各不相同，然後再來比較這些世界或狀態的價值幾何。他們的想法是藉由蒐集我們對這麼多不同情況的判斷結果，就可以得出一套令人滿意的「人口價值論」（population axiology）——也就是一套原理或標準，讓我們能在上述各種不同人口狀態裡，有系統地估算出世界整體狀態的相對價值。以希拉蕊．葛莉夫斯（Hilary Greaves）的代表性說法來看：「人口價值論就是一種事態之間的優劣排序，而這些事態包括了至今所有不同數量人口所處的情境。」[5]如果我們能得出一套令人滿意的人口價值論，就能拿它當作慈善原則的基礎，而無論是藉由慈善原則本身，或是再加上其他原則，又能夠進一步指明我們要促進最佳可能人口結果時所應負的責任。

不過，在想要尋求滿意的人口價值論的人之間，對哪一套才是最佳理論倒是莫衷一是。[6]但就算真有共識，這套價值論又具有什麼樣的權威呢？為什麼會認為我們實際上在意，或應該在意按照哪一套價值論原則來判斷什麼樣的人口結果比較好？對許多價值論學者來說，實現最佳人口結果之所以重要，就只是因為這樣的結果最好，而在某個意義上，這件事實就蘊含了我們有盡力實現這結果的暫定理由（pro tanto reasons）。[7]照這觀點，人口價值論在某個意義上，會比我們除了來自人口價值論本身以外的理由與動機更具權威。我們會因而有非個人理由盡量讓世界好好運轉，說得更細一點，就是不管最佳人口結果究竟是什麼，我們都有非個人理由盡力促成那樣的結果。而為了確定什麼樣的人口結果最好，我們就不得不接受一翻兩瞪眼的價值論證，比方說，我們就得接受在不同人口數量或福祉等級的各種狀態之間比較其相對價值的論證。

我在這章要做的，不是批評用價值論觀點來處理關於未來世代的問題這種作法，而是要闡明這種作法跟我在這本書裡所提出的依附型觀點有何差別。而至少從我提到的這一些詮釋來看，價值論觀點是將人類——或者用賴瑞·騰姆金（Larry Temkin）泛稱的「高等生命」（high-quality life）[8]——的存在與福祉，當作我們有強力理由必須促進的非個人價值。如果人類（及其他「高等生命」形式）在宇宙中永遠消逝，那擺明就是一件壞事——帕菲特說，事實上這「會比大多數人所以為的更糟」[9]。相對於此，從我所提倡的依附型觀點來看，我們倒是有根植於我們對人類與人類活動的既有依附而生的各式理由，讓我們要替未來世代能否存活興旺操心。這些理由所支持的，不是促成或實現某種非個人價值的泛泛關心，而是一種更特殊的慾望，深植於我們在日常生活中所肯定的價值，期待世系傳承能夠不斷延續下去，盼望我們的後人過得富庶興旺。從這角度來看，認為我們關心未來世代命運的理由，端看我們能否建構一套良好人口價值論，只考慮能否提出一套比較世界整體在不同人口狀態下良窳優劣的理論，顯然錯得離譜。

可是話雖如此，我所謂我們希望未來世代存活興旺的依附型理由，似乎也隱然預設了這種價值論。畢竟，正如我在這一章開頭所說，依附型理由只有在我們依附的事物確實有價值時，才會成為真正的理由。而且我一直都認為，既然這些事物確實可貴，人人就都至少有些因其價值而以某些方式對待這些事物的理由。也就是說，人人都有理由為了這些事物而做些什麼或不做些什麼。若這樣想沒錯，便能推論出我們的依附型理由其實還預設了另一種理由，也就是人人都有的獨立型理由（attachment-independent reasons）。認真地說，這些獨立型理由的內容與範圍不容易界定，而且很可能各自不同。再者，我們也都明白，會珍視某個特殊事物的人，通常也會比不重視該事物的人具有更強烈的理由採取行動。不過，獨立型理由還是非常重要。舉例來說，假如某個可貴事物有可能遭到損傷或毀滅，那我們似乎至少可以說人人都有在非必要的情況下不去損壞或毀滅那個事物的獨立型理由。

這件事跟關於未來世代的問題之間的關係實在明顯不過。比方說，這就表示我們依附型理由裡愛的理由只有在人類（也就是我們所愛的對象）事實上真的可貴時，才會是真正的理由。如果人類確實可貴，即使是對人類沒有一點愛的人，也會至少有不要傷害或毀滅人類的獨立型理由。同樣地，這也表示我們依附型理由裡的評價理由，只有在我們珍視的事物確實可貴時，才會是真正的理由。所以要是這些事物確實可貴，即使毫不看重這些事物的人，也才會有不施加傷害或摧毀這些事物的獨立型理由。

若是如此，那麼除了我先前所提過的四種依附型理由之外，我們必定還會體認到一大堆關心人類命運的獨立型理由。我們可以把這些理由稱為價值理由（reasons of value），以有別於我們在依附型理由裡的評價理由。價值理由並不依靠我們對人類的愛，只憑藉人類本身的價值，不靠我們有多麼依附依賴人類活動或由人類活動所構成的事物，只仰賴那些事物本身的價值。

雖然這結論很重要，但是光是這樣還不足以生出一套我所理解的人口價值論來。換句話說，這並沒有證明我們需要一套關於世界整體狀態在不同人口情況下評斷良窳的普遍理由理論。而且，這也沒證明依附型理由觀點就必須要有這麼一套價值論。要知道為什麼沒證明這一點，不妨先拿個輕鬆點的類比來想一想。某人熱愛棒球而具有依附型的評價理由要預設棒球確實可貴，而棒球事實上可貴又意味著人人都至少對棒球有某些獨立型的價值理由。舉例來說，說不定大家都有不要打斷棒球比賽的暫定理由，以尊重看比賽的人與場上球員的慾望，也避免在他們打球看球時碎嘴譏刺。不過，即使棒球確實可貴，也很難推論出人人都有在棒球相關方面促成最佳世界樣態的暫定理由。事實上，這根本就推論不出會存在任何「在棒球相關方面最佳」的世界樣態。也就是說，根本就推論不出我們需要或是期待能找出一套價值原則，好讓我們在只有棒球比賽場數、棒球比賽水準、棒球賽事時空分佈等方面不同的情況下，評估不同世界的相關價值，或是評估某個特定世界的不同整體狀態。這更無法推論假如我們預設了這種原則，就能支持人人都有暫定理由（即使是很弱的理由）要促成我們這世界中最佳的棒球相關事態。不僅推不出這些結論，而且根本就不會有人這樣想。就算我們都完全體認棒球的價值，在理智上與實踐上也都沒有非得發展出一套棒球價值論的必要。[10]

再舉個沒那麼輕鬆的例子。我們因為重視友誼而有的依附型評價理由會預設友誼可貴，而友誼確實可貴則意味著大家都至少有些獨立型的價值理由來對待友誼。但是從友誼實際上可貴推論不出我們就需要，或應該期待有一套友誼價值論，試圖藉這套價值原則讓我們（A）得以在朋友人數、情份深淺與範圍不同的各個世界整體狀態之間評估好壞；以及（B）能夠說人人在友誼方面都有盡力促成這世界最佳狀態的暫定理由。從友誼可貴這件事能推論出的，就只有我們應該對這份價值要有適當反應，而不是我們應該找一套能夠提供理由的友誼價值論。就像棒球的例子一樣，我們不僅沒有理智上與實踐上必須有此考量的必要，而且實際上也沒有人會這樣想。12

我相信，這道理既然在棒球和友誼這兩個例子裡說得通，那就同樣能夠套用到我們希望人類未來世代能夠存活興旺的依附型理由上。一般來說，我們只有在自己有所依附的事物具備獨立於我們這份依附的價值時，才會認知我們這份依附能提供理由，而我們對人類的依附之情，也絲毫不亞於我們對任何事物的牢牢依戀。因此，我們也會知道無論是不是人人都展現出某種我所謂對人類之愛的依附形式，但每個人至少都會有某些獨立型理由來對待關於人類之事。只不過，從這些體悟裡仍舊推論不出我們得要接受某種人口價值論，也不能推論出我們要接受某種只有人口方面不同的世界整體狀態優劣排序所提供的理由。從人類的價值沒辦法直接跳到我們需要這麼一套價值論，如果有發展這種原則的必要，那肯定來自其他獨立源頭。

這裡就得回頭談談慈善觀念了。我先前說過，我們對人類的愛只有當人類在獨立於我們的依戀之外確實可貴時，才會讓我們有「愛的理由」這種依附型理由。倘若人類確實在獨立於我們的依戀之外仍舊可貴，那麼無論是誰，都有獨立型的價值理由要尊重人類的性命和興旺與否，我們若稱這種價值理由的子集合為慈善理由（reasons of beneficence）似乎也還算恰當。在我看來，這就是說我們可以推論出有些人會只有在所有人都有慈善理由的時候，才會有愛的理由。這就意味著雖然我先前對於以慈善觀點來處理未來世代問題一事持保留態度，但我的看法其實是既肯定慈善是一種重要價值，也接受我們有關懷未來世代的慈善相關理由。

至於在其他獨立型的價值理由裡，這種慈善理由有何內容與其涵蓋範圍還待商榷詳究。光是肯定這些理由，還是沒辦法解決我在第一章裡提到究竟慈善該怎麼理解才好的問題。這並沒有肯定依賴某種價值論的效益主義式「慈善原則」，也沒排除其他將慈善當作一種價值的非效益主義式詮釋。就關於未來世代這方面來說，這說法也沒有說明我們的慈善理由內容究竟是什麼。

也許有人會說，這是因為在處理未來世代問題時，慈善理由只包括了不要損害或毀滅人類的理由，卻沒有任何獨立型理由要我們採取積極作法來維護、保存未來的世世代代。我們都知道，一般說來，真正珍視可貴事物的人，通常都會比任何不珍惜自己所擁有事物的人，更有理由以某種方式對待那項可貴事物。例如說，我當然有以某種方式對待（和避免對待）你的朋友與你傳家寶的獨立型理由，但這些理由大部分看起來都是消極的要求，像是我不該欺負你朋友、損壞甚至砸毀你的傳家寶。可是你的理由——包括以某種方式對你朋友和傳家寶貝的依附型理由——就深遠得多，不只有避免欺負虐待的理由，更包括支持各式各樣豐富的行動。同樣地，我們也可以推測，在考慮到未來世代時，展露出熱愛人類的人會擁有依附型愛的理由，而這些理由又比沒展現出愛人類的那些人所具備的獨立型理由更深遠。說不定我們獨立型的慈善理由是只限於避免危害和摧毀人類生活的「消極」理由，而只有依附型理由才包括要我們維持人類生存的「積極」理由。我們可以稱這叫慈善的「有限詮釋」（the limited interpretation）。

正如我先前說過的，在談到氣候變遷、核武器擴散以及其他危及人類未來生存的威脅等脈絡下，即使是避免損害毀滅人類生命的消極理由也有重要意義。

不過，就有限詮釋將獨立型的慈善理由解釋為只有消極面來說，這種詮釋實在過於片面。因為，我們馬上就會注意到，若將這種詮釋套到其他獨立型理由上，也會出人意料地流於過度片面。況且，就算獨立型理由表面上看來只有消極面，但是我對你的朋友與傳家寶所抱持的獨立型理由其實並不完全只有消極面；在某些情況下，我甚至有幫助你的朋友、保護你的傳家寶的「積極」理由。而既然人類的價值十分重大，我們獨立型慈善理由的面向自然也會隨之擴張。

不過，這並不能說這些理由必須改寫成增加人類福祉、盡量使最大多數人過上好生活、促進最佳人口結果等價值論主張原則的那些形式。這些理由既然是針對關於未來世代的問題，那內容上其實也就跟我們的依附型理由別無二致。也就是說，這些理由也是要確保人類世代鏈結能不斷延伸到未來，過得富庶與旺。換言之，在談到未來世代的問題時，我們獨立型的慈善理由其實在內容上和依附型理由完全一致，只是分別來自不同的源頭而已。

重點是，即使我們的慈善理由有獨立於依附關係之外的源頭，這也推論不出這些理由的內容就必定只能按照效益主義或價值論的說法來理解。這推不出即使我們如此預設，在談到未來人類時，慈善理由的解釋範圍就比有限詮釋來得更廣。假如有任何非要用效益主義或價值論的說法來設想這些理由的道理，那一定是有其他緣故。若無其他因素影響，從人類可貴這件事實沒有辦法直接推論出會要求我們促進最佳人口結果這種慈善概念。慈善的內容不是只建立在人類可貴這件事上，更重要的是我們在回應人類的價值時如何講道理。[13]至少對我而言，靠促進人口最佳結果來說我們有理由回應人類可貴，倒不如說我們是試圖確保人類世代鏈結能夠延續到未來、過得富庶興旺，而有理由如此來得可信。說到底，倘若就連對人類的愛都沒辦法給我們一個獨立於所有脈絡之外的普遍理由要促進最佳人口結果，那光是訴諸人類價值就更難了。當然，有些人還是會不同意我這說法。不過，事實就是我們沒辦法從人類確實可貴這個前提推衍出效益主義式或價值論式的慈善說法，因為確實還有其他能夠與這個前提相容的慈善說法可採。

我這一章的目標有二。第一，我嘗試將處理未來世代問題的價值論觀點與我自己所提的觀點相互比較。我的辦法主要是根據依附關係而來，但我也說過，這套主張同樣肯定我們有些關心後代命運的獨立型理由。第二，我試著證明接受獨立型的價值理由推不出我們必須尋求一套可信的人口價值論，也推不出必須找出建立在這種價值論上的慈善原則。

我在第五章要做的，是進一步刻畫我所謂以依附關係觀點為主的辦法，我們可以說這套觀點同時具備了規範面向及動機面向。從規範面向上來說，我們有許多無論是否為道德理由的理由，要確保我們的後代有能力活在讓自己富庶興旺的條件下；從動機面而言，我們也有種保守傾向要延續我們所愛的人類及我們所肯定的價值。我前面這幾章主要都在談這套觀點的規範面向，下一章我打算探討動機面向的內容。在動機層次上，因為我們對未來世代的關心根植於我們想要維持既有依附的保守傾向，因而不只使得這份關懷的根據十分穩固，而且也與我們對自己所珍視之價值的跨時代面向能夠整合出一個統一立場。這是我打算在第五章論證的內容。而首先，我得先釐清這套觀點所根據的究竟是什麼樣的保守主義。

註解

1. 這個看法在我〈珍視〉（"Valuing," in *Equality and Tradition*, New York: Oxford University Press, 2010, pp. 15-40）這篇文章中有詳細闡述。
2. 我在本書中對依附的角色描述，和鮑比（John Bowlby）、安斯沃斯（Mary Ainsworth）等人在心理學中所說的「依附理論」之間，也許可以找到相當豐富深入的關聯。有興趣者可參見鮑比的三大卷權威巨作《依附與失落》（*Attachment and Loss*, New York: Basic Books）。
3. 相關討論可參見〈珍視〉（pp. 36-7）。在我看來，一個人如何珍視事物的「方式」，是由這個人對該事物所展現出來的情緒感受能力型態，以及此型態在這個人的思考中所扮演的角色內容與份量來界定。

4. 但是對類似觀念也有很不錯的論述，見托比昂・田思優（Torbjörn Tännsjö）《我們這時代的保守主義》（*Conservatism for Our Time*, London: Routledge, 1990），尤其是書中的第五章〈關於延續人類的保守主義論證〉（A Conservative Argument for Preservation of the Human Species）。

5. 希拉蕊・葛莉夫斯〈人口價值論〉（"Population Axiology," *Philosophy Compass* 12[11], 1-15），p. 1。

6. 葛莉夫斯（見上註）不僅主張「任何人口倫理學理論」都必須包含一套人口價值論，更說「每套現有的人口價值論都能受到嚴正反駁」（pp. 1, 12）。此外，還有些學者更提出了幾種不同不可能定理的詳細論證，證明沒有任何一套人口價值論可以同時滿足任何直覺上必要的限制條件。例如古斯塔夫・阿亨紐斯（Gustaf Arrhenius）〈福祉論者之價值論的不可能定理〉（"An Impossibility Theorem for Welfarist Axiologies," *Economics and Philosophy* 16[2000], 247-66）。

7. 關於「善」及相關事物的「蘊含理由意義」，見帕菲特《什麼才是至關緊要》（*On What Matters*, Oxford: Oxford University Press, 2011）第一章。

8. 騰姆金〈天時地利人和〉（"Rationality with Respect to People, Places, and Times," *Canadian Journal of Philosophy* 45[2016]: 576-608）。

9. 帕菲特《理由與人》，p. 453。

10. 不喜歡棒球的人可能會說這個例子不但無聊，而且還會造成誤導。他們會說，棒球並非真正可貴的事物，所以我們當然不該期待找出什麼棒球價值論。但若是把對棒球的熱愛換成對詩歌、音樂、莎翁名劇，或是任何活動、創作和追求，我這一點主張同樣可以成立。

11. 關於友誼的相關討論，見史坎倫（T.M. Scanlon）《我們虧欠彼此什麼？》（*What We Owe to Each Other*, Cambridge, MA: Harvard University Press, 1998），pp. 88-90。

12. 約翰・弗力克（Johann Frick）在他〈論人類存亡〉（"On the Survival of Humanity," *Canadian Journal of Philosophy* 47[2017]:344-67）一文中也提出了類似的說法。弗力克主張我們之所以要關懷後代的理由必須經過概念化，但不是照效益主義者或其他結果主義者的觀點，而是要理解為基於人類的「終極價值」而珍惜、維繫人類延續的理由。

Chapter 5

保守主義、時代偏見與未來世代

保守傾向

我在先前各章中所提到的保守傾向不是指政治上的保守主義，我談的是我們有維護或保存珍視之物的傾向，而我們珍視之物與保存這些事物的必要方式，反倒有可能會與政治保守派所採取的政策作為南轅北轍。要弄清我這套價值保守主義，不妨先看看這套主張與柯亨（G.A. Cohen）所提的保守主義之間的關聯，因為這兩者之間頗多雷同。

柯亨在他的精彩文章中捍衛他所謂的「小保守主義」（small-c conservatism），提倡「擁護既有價值的偏見」（p. 210），認為即使有更重大的價值取代這些既有價值，我們還是會因為這些價值遭到毀滅而感到後悔難過。[12] 他認為「每個心智健全的人」（p. 204）都多少有這種偏見，而且這麼做「又理性又正確」（p. 210）。對柯亨而言，此間的關鍵差異就在於抽象事物所蘊含的價值，以及蘊含此價值之個別事物的價值，或者也可以說在於事物所承載的價值與背負此價值事物的價值。他所捍衛的保守主義主張承載價值的個別事物，至少在兩個方面都比它所蘊含的價值更重要，第一，個別的可貴事物並不只是因為其負擔或「蘊含其中」（p. 206）的價值份量而顯得重要；第二，即使犧牲這些個別寶貴事物可以換來整體更高的價值，我們還是至少會有某個（可推翻的）理由保存這樣的個別寶貴事物。重點在於是那個個別的寶貴事物要求我們的某種忠誠，這種事物不會因為我們一旦能換到更高價值的事物就被棄如敝屣。柯亨這種保守主義會傾向（但可推翻）保留個別的寶貴事物，就算這麼做意味著要放棄讓大部分事物都更有價值的機會也在所不惜。[3]

柯亨也堅持主張他所捍衛的保守主義，不是英國或美國那種政治上的保守主義（也就是他所謂的「大保守主義」〔big-C Conservatism〕）。這是因為他所支持的是要保存維護內在價值，但不正義與剝削並沒有這種價值，所以沒有保存這些作法的道理。因此，只要政治保守主義者所採行的政策不正義，就不能拿柯亨式的保守主義來當作辯護的基礎。當然了，不正義的事物仍可能在某些方面尚屬珍貴，而且儘管我們有可能規定正義就是比保存價值重要，但柯亨並不認為他真的要主張到那麼強。不過，他倒是暗示說他比那些大保守主義者更不會為了某些不正義的社會制度所能夠實現或促進的價值而容忍這些制度。

此外，柯亨也論稱經濟市場會仇視他這種保守主義，因為經濟市場總是隨時將個別的可貴事物拿來與更有價值的東西交換。所以在他看來，主張自由市場的大保守主義其實是根本的反保守立場。他說，在資本主義主宰下，英國保守黨已經成了「反保守的市場黨」。他有一段話說的可絕了：「為了保護和擴張財富的影響力，大保守主義者會定期犧牲他們自己有不少人其實真心珍惜的小保守主義。他們會（像首相約翰．梅傑那樣）喋喋不休地碎念啤酒就該是熱的、騎單車上教堂的歐巴桑不看路，然後一邊替沃爾瑪超市敞開國家大門。所以他們應和著資本主義的論調、放大某些特定種類的價值，卻全然不顧任何事物個

別的價值。」（p. 225）[4]

柯亨不只拿主張自由市場的大保守主義和他自己的觀點對比，還順帶與像效益主義這種主張價值極大化的規範倫理學理論相比較。他寫道：「追求價值極大化，就是認為只要價值總量最後沒有減少，摧毀寶貴事物也沒什麼不對。效益主義者和保守主義者不同，他們會認為在現有之物上免費增加五單位的價值，與摧毀某個價值五單位的東西以換取十單位價值的東西沒什麼不同。效益主義者會說：『我們要儘可能獲取最大價值，不管這麼做的結果會對既存的價值物有何效果：那些事物本身並不重要。』保守主義反對這種極大化的態度，反對認為價值物在其具備的價值跟前毫不重要的看法。」（pp. 211-12）

我們可以想像效益主義者馬上會跳出來說這是故意扭曲。效益主義並不主張要為了抽象的價值而犧牲既有的價值物，它所支持的犧牲或交換，始終都是用某些價值物去換取另一些價值物，不管這些價值物是現在既存的，還是要到將來才會出現。換句話說，價值一旦極大化，那份價值就一直會存在於某個個別的價值承載物上，價值並不是什麼隨意流動的東西。所以，將效益主義說成會為了「價值本身」而犧牲個別可貴事物是一種誤導。（p. 210）

柯亨大概不會被這種抱怨說動。假如效益主義真的只要另一個價值物的價值稍高些許時就可以犧牲某個價值物，那我們對原本的這個事物就只是看重它所具備的價值而已。而這其實也就是說，效益主義者與保守主義者確實不同，不會把承載價值的事物與其價值獨立看待。

不過，柯亨在回應麥可．大塚（Michael Otsuka）的提問時，倒是承認他這套保守主義並不會排除所有價值極大化的形式。雖然他這套主張排除了「全面性」價值極大化，卻會接受「部分」極大化，也就是為了拯救大量同樣寶貴的既存事物，而犧牲某個既存的寶貴事物，因而使「保留價值」（preserved value）的量得以極大化。這很自然會引出兩種不同的質疑，第一種是想要極大化保留價值的量為什麼能說與想要極大化該價值本身的量不同，不會變成事物所具備的價值凌駕事物本身？第二種質疑是，既然開了容許部分價值極大化之門，那又要怎麼能擋得住各種形式的全面價值極大化？舉例來說，柯亨這套保守主義能夠排除主張保留價值永遠優先於新創價值的結果主義所訴求的全面價值極大化嗎？

不過我並不打算在此深究這些問題。相反地，我想對柯亨的立論結構提出一些不同的觀察。柯亨的保守主義看起來結合了兩件事：一是說承載價值的事物凌駕於其價值，二是說既存的個別價值物凌駕於尚未存在的個別價值物。柯亨並沒有一直清楚劃分這兩種優先順序，不過，要是沒有這第二種優先順序，他的立場稱不上是特別保守。只有加上了這第二種優先順序，才能夠說構成了偏好既存價值的偏見。只是儘管柯亨提出了支持第一種優先順序的論證，卻不曾真正為這第二種優先順序辯護，而他究竟是否有意如此，我們也不得而知。

要進一步弄清楚這些論點，不妨想像有個叫做吉兒的畫家，我們先假設她不是效益主義者或任何類型的結果主義者，而且她也不喜歡想太多關於價值的哲學思考。她就只想要畫畫，只想創作畫作，而且當然也希望畫出好作品來。用柯亨的術語來說，這就意味吉兒想創作出許多個別的寶貴事物，她肯定不是想創造出抽象的價值。我這樣說，意思不只是在字面上鑽研說我們當然只能畫出個別的畫作來——不只是說根本沒有所謂抽象的繪畫價值；我的意思是即使吉兒知道她要是放棄當個畫家，而且賺的錢還夠聘請兩位比她更有天份的畫家作畫，她也不肯這麼做。在這意義下，她想做的是創作出個別的寶貴事物，而不是創造出最大的藝術價值或創造出最有價值的寶貴畫作。除此之外，要是不當畫家，吉兒也會盡力保護既存的寶貴事物，比方說，她還可以去當藝品修復師，只不過她選擇了創造新的寶貴事物這條路。我們還可以假設，即使她知道她一輩子就只能夠畫出 n 幅畫，而當上藝品修復師卻能保存 n + 1 幅既有的畫作，她還是會做出同樣選擇。

那我們會怎麼說吉兒這個人呢？從一方面來說，吉兒是把個別的寶貴事物看得比抽象的價值更重要，她的目標是創作出個別的寶貴畫作，不是增加藝術價值。但從另一方面看，她在選擇謀生職業的時候，並不將既存的寶貴事物擺在尚未出現的傑出畫作之前。要是她會那樣想，她就會跑去當藝品修復師，而不是當畫家了。所以照這樣看，她並不是柯亨那種意義下的保守主義者，但她也沒有犯下柯亨認為非保守主義者會犯的錯。可是如果一個人可以不犯非保守主義的錯誤又同時不是保守主義者，那就表示柯亨其實沒有為這樣的保守主義提出支持的論證。事實上，他也沒為偏好既存價值這種偏見提供論證，只給了一個認為個別寶貴事物優先於抽象價值的論證。但我們在吉兒這個例子裡就可以看到，會這樣想的，也未必要是保守主義者。

柯亨在回應安卡．季烏斯（Anca Gheaus）所提出的類似質疑時，多少承認這一點。他在回應中寫道：

即使季烏斯說得沒錯，我對我所謂保守主義的辯護仍不算一敗塗地，只是我所要辯護的，現在看起來倒像是一種更一般性的主張，也就是個別寶貴事物凌駕普遍價值，而我的論證只是其中一例而已。所以，舉例來說，我們會在藝術家典型（但非普遍）的期盼中，看到重視個別事物勝過抽象價值的偏見，這藝術家的目標不是在於生產出一大堆或某一類的特殊價值，而是要創造出個別的寶貴作品。既然季烏斯改變了這篇文章的基調，那麼對於個別寶貴事物，我們也就不用那麼強調非得是現在既存的了。

雖然柯亨說他的保守主義在季烏斯的質疑之下還不算「一敗塗地」，只是變成一般性主張的其中一例，但這未免會造成誤解。季烏斯的質疑和吉兒這個例子都暗示說只要在各個情況下，個別的寶貴事物都優先於抽象的「價值」，那也許就沒有固守既有的寶貴事物而非創造新寶貴事物的理由了。換句話說，柯亨的保守主義只有在僅宣稱個別寶貴事物重於抽象價值，而且既存的寶貴事物絲毫不比尚未出現的事物重要時，才可以說不算一敗塗地。

如果柯亨的立場到頭來是這樣一回事，那說這主張是一種保守主義雖然還是沒錯，但不免就顯得有些誤導人了。也許我們從季烏斯的質疑和吉兒的例子裡可以學到的教訓，就是既存的個別事物並沒有理由比尚未存在的事物更加重要。偏好既存價值的保守主義偏見其實站不住腳。

我相信這樣子說不免是一竿子打翻一條船，而且從大致上來看，柯亨的論證可能也確實找得出我們對於既存價值物與不存在（或尚未出現）的價值物之間抱持不同態度的重要洞見，而這份洞見倒是能支持我想要捍衛的另一種保守主義。不過，我們最好不要像柯亨那樣聚焦在個別的寶貴事物上，而是要注意對個人來說，珍視某個個別事物代表什麼意思，才能真正體會這份洞見的真諦。[5]雖然柯亨這兩種說法都會用，但這兩者之間的區別在他的理論中並不扮演任何重要角色。相對於此，我倒是早已指出我認為在某物具有價值與某人對某物的珍視之間的差別相當重要。[6]

我先前說過，我認為珍視這個行為涉及了綜合許多態度傾向的複雜集合，不只包括相信該事物可貴的信念，也包含能夠體驗在不同脈絡下對該事物所懷抱的情緒，以及會在相關思辨脈絡中將關於該事物的考量當作行動理由的傾向。在這意義下，我們不僅可能會認為某個事物確實可貴（或者用柯亨的話來說，具有「個別價值」）但並不加以珍視，而且往往如此。珍視某個事物除了要將之視為可貴之物外，還要有某種依附、某種投入、某種承諾，而這種依附、投入與承諾則是由在珍視行為那種態度傾向之複雜集合中的其他要素所構成。珍視行為是由情緒感受能力與一種會認為自己有理由為了那個寶貴事物（但不會為了其他同一類的寶貴事物）採取行動的傾向所構成。雖說這些情緒依附的型態與行動理由的內容所呈現的樣貌，可能因該事物類型不同而有所差異，但是在大多數情況中，在情緒面上都包含了假如該事物受到傷害損毀就會感到傷心難過，而在理由面則像我前幾章中強調過的一樣，幾乎總有保守的一面，也就是包含了要維持保存我們所珍視之事物的理由。

這些關於珍視行為與行動理由之間關係的主張之所以重要，有兩個原因。第一，由於我們的珍視態度中內建了維持我們珍視事物的保守傾向，所以這些主張就表示每個做出珍視評價的人都會有這種傾向。這就是柯亨說「每個心智健全的人都有某種」保守傾向的意義（p. 204）。第二，在這裡更重要的是，這些主張有助於說明為什麼我所捍衛的這種保守傾向會包含偏好既存的寶貴事物這種偏見，而不是只採取時間上中立的立場說價值承載物優先於其承載的價值。

這項說明是基於一份觀察，一般來說，我們並不能用珍視既存事物的方式來看待此刻不存在與從未存在的事物。珍視行為涉及了依附關係，而依附則必須要有所認識，在這意義下，我們不可能認識還不曾存在的事物。[7]所以，打個比方好了，我們不可能用像珍惜目前友誼這樣的方式去珍視尚未形成的友誼；我們無法用看重目前活動的方式來珍視還沒形成的活動；我們沒法用疼惜已經出生的孩子同樣的方式來珍視還沒受孕的孩子；我們也不能用重視偉大藝術作品的方式珍視藝術家將來可能創造出來的偉大作品。我們當然在構想落實與計畫成功之前就賦予價值，也當然可以在願望成真和夢想實現之前就這麼做，但這些都是現在就已經存在的構想、計畫、願望、夢想。我們就是沒辦法用同樣的方式對還沒安排的計畫、還沒孕育的夢想賦予任何價值。

說不定確實會有些還不存在的事物卻能夠如同既存事物一般，成為我們情感對象的特殊情況。例如，假設你知道將來生下的孩子會罹患與自己相同的先天性疾病，那你也許就不會只是對這個事實感到後悔，還會為那個孩子感到難過，[8]可是這感受本身卻不是依附關係常有的那種複雜態度傾向的完整綜合。即使有人認為我們對未來存在的人還是可能有完整依附關係的情況，他們也很難否認這種依附關係要比依附既有事物罕見得多，也同樣很難否認出現這些情況的機會十分渺茫。若是這樣，那就可推論出想要維持我們珍視事物的保守傾向，會比站在時間上中立的立場說價值承載物甚於其承載之價值更加深刻。除此之外，這種傾向也包含了一種偏見，令人偏好既存的價值承載物勝過尚未存在的價值物。這種偏見源自於我們可以對既存事物形成一種基於價值而生的依附關係，而一般來說，我們對尚未出現的事物卻無法以這種方式形成依附關係。由於我們的珍視態度能夠只針對（或是主要針對）既存事物，那我所要捍衛的這種保守傾向，就會接受我們有特別的理由要保存維持既存的寶貴事物，也有為這些事物的損傷毀壞感到傷心難過的特殊理由。如此一來，就確立了一套保守主義的立場，而且與柯亨所主張的那套保守主義多有交集。[9]

但在此同時，千萬別誇大或誤解我所描述的保守傾向之規範性意義。雖然我們針對自己珍惜的事物有採取行動的特殊理由，但這些理由卻未必總是最強的理由。無論何時何地，都可能有其他夠強的理由可以凌駕這種理由。再說，在很多情況中，我們不必否定自己有關懷既存的寶貴事物的理由，也能創造出新的價值事物。畫家吉兒的情形就是如此，或者至少我們可以這樣假設。她不需要否定自己有關心自己本來就珍視的事物，才能夠投入創造新的可貴作品之中，所以我所理解的這套保守主義不會與創造力互不相容。這一點很重要，因為雖說所有心智健全的人都有某種保守傾向，但所有心智健全的人也同樣會有某種創造傾向。這種創造傾向並不限於藝術家或所謂的創意人身上才有，而是展現出製作、建造、發明、改變、增進、改造、翻修、革新的衝動，當然，也包括了繁殖。這種傾向甚至也會以行動的樣貌出現，因為每個行動都是在這世上的某種嶄新干預，每個行動都在整個人類歷史上有些新的貢獻。照此說來，維持與保存我們珍視事物的這種保守傾向，其實本身乃是一種創造傾向。切實地說，這種傾向偶爾會要求我們什麼都不做，才不會傷害或毀滅那些寶貴事物，但偶爾也會要我們採取實際手段，而且往往需要想像力和韌性，才能維護與保存我們所珍視的對象。畢竟，藝品修復師可不是什麼事都不用做的一門行業。所以說，保守傾向與創造傾向並非水火不容，這不僅是因為在某些情況下只適用其中一種，而不適用另一種，更是因為從某個意義上來說，保守傾向其實本身就可以理解為一種創造傾向。

這就把我們帶回這份保守傾向在支持我們關心未來世代生存繁榮這一回事上所扮演的角色了。我再三強調我們關心後代命運的理由有多麼深植於我們對人類的價值依附，多麼依賴我們所珍惜的各種人類活動與事業。我們維持與保存珍貴事物的保守傾向，絕不是與關懷人類未來彼此競爭甚或橫生阻撓的逆向衝動，反而正是這份關懷的動力。我們只要想想，要克服人類生存的挑戰、要確保我們後代能有個安穩未來會需要什麼樣的創意與想像力，就可以明白這一點了。況且，既然人類本來就是充滿創意的物種，而人類的歷史向來就是充滿變化、實驗、革新、發展新生活型態、找出新價值面向的故事，所以想要確保人類未來生存，就是想要維繫人類創造活動這種開放、難以捉摸的命脈。換句話說，我們對人類未來所抱持的保守傾向，就是一種保障人類創意與革新能夠生生不息的傾向。

儘管這份保守傾向與我們對於未來的關切是支持力量而非競爭對抗，可能還是有人會懷疑這種傾向，說它不理性。既然這種傾向會認為既存的寶貴事物比尚未出現的可貴事物重要，那大概也可以說就是一種屬於「安於現狀偏見」（status quo bias）的不理性了。[10]不過我雖然很肯定我們確實會有些不理性的安於現狀偏見，但在我所描述的這種保守傾向中，倒絲毫沒有不理性的影子，這是因為我實在找不出有任何可以取代這種傾向的可能。這份保守傾向反映出一件事實，就是一般說來，我們的評價依附就只會針對實際上存在（或曾經存在）的事物而有。我們就是沒辦法在時間上中立，以針對既存事物的同一方式來對尚未出現的事物形成依附。試想，要說我們對將來會結交的朋友、未來會生下的孩子、哪天會畫出的偉大畫作，或是不知何時會寫成的超棒小說，會有像我們對現在身邊的朋友、孩子、畫作、小說有同樣的依戀，那究竟是什麼意思？真要談到依附、依戀，時間中立是說不通的。

另一種可能的猜想會說凡是依附關係都不理性，我們應該要努力達成超脫依附（detachment）的理想，盡我們所能地掙脫各種依附牽掛。[11]然而，無論任何支持或反對這種超脫依附理想的說法，都無法當成理由說我們執著於自己個別事物的既存依附這種偏見並不理性。相反地，真正該說是不理性的其實是依附關係本身，而不是我們在形成依附關係時所根據的時間偏好傾向。沒錯，假如所有的依附關係都不理性，那就會推論出任何依附關係的時間偏好型態也同樣不理性這雞毛蒜皮的結論；但要是所有的依附關係真的都不理性，我們也會推得採取時間中立立場的依附關係同樣不理性這個瑣碎結論。超脫依附這種理念，根本就沒有證明時間偏好本身究竟是哪裡不理性。

一般來說，我們的價值與我們對待時間的態度之間的互動總是相當複雜，所以我們應當尤其小心別胡亂假定我們的評價態度中所出現的每種時間偏好都不理性。事實上，就是因為「偏見」這個詞暗示了不理性或缺乏理由，無差別地拿這個詞指稱所有的時間偏好才成了麻煩。我們的價值和慾望都是透過我們認為自己是佔據時空的生物，而且擁有時空經驗才形成的。倘若我們不是按照現在這種時間面向來理解自己的人生，那就不會擁有我們現在所擁有的價值觀了。反過來也會出現同樣的影響效應，我們的價值觀在成形後，會繼而形塑我們看待時間的態度，假使我們沒有現在這種價值觀，就不會有現在這樣的時間態度了。我們需要試著理解這種交互影響，而不是動不動就假設我們評價態度中的各種時間偏見都是不理性的。就像在其他領域中的理性判斷與決策理論研究一樣，箇中訣竅是要在相信我們日常思考絕對無誤的安心假設，以及不顧我們的實際作為與思考傾向就硬套過度簡化的修正模型之間取得平衡。

我之所以證明想要維持既存之價值承載物的這種保守傾向（有人可能會認為這是某種不理性的安於現狀偏見），是如何內建在我們的評價態度之中，而且與我們對後代的那份關心相輔相成而非彼此競爭，就是想要描繪出這些大致圖像。這也有助於解釋保守傾向為何鼎力支撐我們對人類存續與後代繁榮的那份關心，而這也正是本書的核心要點。用一種看似弔詭的方式來說，我的觀點就是我們對於人類將來的關心，還有對於未來世代興旺富庶的關切，大都要仰賴這份只會直接針對現存與曾有之價值承載物而有的保守傾向。我在下一節裡會進一步細談這些觀念，仔細思考這種保守觀念和我們可能展現出來的其他時間偏見。如此一來，我們就能明白在我們對於時間以及對於價值的態度的這種大脈絡裡，這份對未來世代的保守關懷是如何密切契合其中。

對未來的偏見與其極限

你在病床上醒來。護士告訴你昨天你經歷了一場長達十小時、極為痛苦的無麻醉手術，但是你打了一針忘憂劑，忘了這疼痛的經歷。但是護士也可能告訴你，你待會就要接受一場大約一小時、極為痛苦的無麻醉手術，術後會給你打一針忘憂劑，忘掉這份經歷。如果是你，你希望聽到哪一種情形？大多數人都寧可選擇昨天剛挨過漫長的手術，也不願選擇今天的短暫手術。帕菲特用一連串這種例子來論證我們對於未來其實抱持著某種偏見，[12]我們寧可是在過去經歷了一定時間的極端痛楚，也不願等到未來才承受；我們甚至會寧可過去受苦的時間更長一點，也不願等到未來還要承受較短的折磨。要是能讓下半輩子忍受的苦難少一點，我們甚至寧可因此接受讓這一生的困厄痛楚多過平順喜樂。

安東尼・布魯克納（Anthony Brueckener）與約翰・馬丁・費雪（John Martin Fischer）用了一個類似帕菲特的例子，論證我們對於愉快的感覺則會有相反的時間偏好。[13]我們會比較想要在未來體驗一定時間、一定強度的愉悅，而非在過去體驗過同樣時間的快樂；我們會比較想在未來體驗較短的歡樂時間，而非在過去體驗到較長時間的愉悅。要是能讓下半輩子迎來更多快樂，我們甚至寧可因此接受讓這輩子的痛苦期間比快活時光還長。要是把這些主張合起來看，姑且不論其間種種細部差異與條件限制，可以說我們一般都會偏好將苦難留在過去，將快活留在將來。也就是說，在苦樂悲喜這方面，我們關心未來更甚於在意過去。在這意義上，我們會對未來有所偏好。

帕菲特說，偏好未來並不是我們唯一展現出來的時間偏見。比方說，大多數人也會偏好較近的時間。我們寧可掌握眼前蠅頭小利而放過將來大富大貴，不願馬上遭遇皮肉之苦而寧可來日痛徹心扉。他還說，這種對於未來的偏好有其範圍限制。這種偏好是我們對於自己某些經驗會抱持的態度之特徵，而不是對於我們人生中一切好壞善惡的態度之特徵。布魯克納與費雪也有同樣的說法，認為我們對於自己沒有經歷過的壞事就不會有這種偏見。舉例來說，在「你有些朋友過去曾在你背後出賣你九次，或是有某些朋友將來會在背後出賣你一次」這種選擇裡，就不會有這種偏見。[14]與疼痛的難過經驗對照起來，確實很難說我們大多數人都寧可選擇過去多次遭人出賣了。

帕菲特還說，「為了簡單起見」[15]，他的例子都只聚焦在痛苦與愉悅的經驗上。這句「為了簡單起見」暗示了在他看來，我們這種對未來的偏好也同樣能套用在其他經驗上。他究竟還想到了哪些經驗我們不得而知，但是有許多類型的經驗似乎確實不太能套用得上這種對未來的偏好。我們人生中會經歷的許多好事壞事都有經驗性的一面，而我們也不會認為這些事物的價值就只在於這種經驗面向上。例如，我認為友誼很可貴，而且友誼也確實有經驗面向，可是我不會認為友誼的價值就只在於我能夠體驗到友情是怎麼回事而已。要是我當真這樣想，我就會認為一架可以讓我不用真正交到朋友、也能有同樣經驗品質的「友誼機器」也同樣可貴了。[16] 畫家吉兒也認為她的人生因為創作出美麗畫作而豐富，但她並不認為她作畫的價值就只在於她作畫時的那份體驗。對她來說，真正重要的是她真的畫出了那些畫，而不只是在作畫時所體會到的那種心境。

壞事也一樣。假使我心愛的某人過世了，真正糟糕的並不是我的傷心，而是那人的死亡。要是我知道朋友出賣我，或是有人侵犯我的權利，或是我畢生心血失敗落空，對我來說，這些事情之所以糟糕萬分，是因為這些事實實在在發生了，而非光是因為我有此心頭經驗。認真說來，單是想像這些事情發生的經驗就已經夠難受的了，更甭提要是這些事情真的發生，那無疑是雪上加霜。

我們可以將這種好事或壞事稱為半體驗性的事情（partly experiential），而我們對半體驗性的好事壞事就沒有偏好未來的普遍偏見。你會比較想要先前已經畫了五幅傑作，還是希望未來畫出一張好畫？你會比較想要知道你的權利曾有五次受到些微侵犯，還是希望知道將來會發生一次這種事？如果我們對未來的偏好也適用於這些情況，那我們就會寧可希望在未來畫出一幅好畫而非在過去有五張傑作；寧願是過去有五次權利受損，也不要未來不痛不癢的一次。但是我們實在很難說大多數人都會這樣想，事實上，有很多人的偏好反而完全與此相反呢。[17][18]

帕菲特大概也會同意。他說他「討論的不是我們對人生中包含了某些事件這件事實所持的態度，而是在歷經這些事件後，我們對此有何經驗的態度」。[19]

這句話該如何詮釋，當是各人所言皆不同。照其中一種說法來看，這句話蘊含了帕菲特並未對半體驗性的事情提出任何關於時間偏見的主張。如果這詮釋沒錯，則帕菲特的立場跟我對這些事情的說法之間就沒有什麼不一致。不過，若照另一種說法來看，這句話的意思是說關於時間偏見的說法只能適用於半體驗性事情的經驗面向，不能套用在這些事情的非經驗面向上。所以，舉例來說，這句話的意思可能是我們對未來的偏好，並不適用於我們摯愛之人的死亡這件事實，而是只限於我們歷經他們死亡而有的經驗，比方說為此感到悲痛等。或者，也可以說這句話的意思是時間偏見不能適用於友誼本身，只能套用在我們對於友情所感受到的經驗上。

按這種詮釋，帕菲特說這句話就站不住腳了。半體驗性的事情沒辦法拆成兩個部分，說我們對其中一個有時間偏見，對另一個沒有。要是能這樣拆分的話，那我們大概就可以有些像這樣的綜合偏好：寧可有少數摯友在最近死亡，而非大批好友死於過往的偏好，以及寧可過去多次經歷朋友死去的哀痛，而不願將來較少遭逢這種事情的偏好。但是我們根本就沒辦法說這種綜合偏好彼此融貫，而且也不可能真的有什麼事能讓我們產生這種偏好（與其他類似的綜合偏好）。

我們對於自己經歷半體驗性事情的態度，其實與我們對於各種體驗與經驗事件的態度有密不可分的關聯，這就是為什麼對未來的偏好一般很難適用在半體驗性事情的緣故。我們對半體驗性事情沒有時間偏見，並不能推論我們對所有半體驗性事情都採取時間中立的立場，也不能說我們對這些事情會展現出其他會令帕菲特感興趣的時間偏見。我們若有任何時間偏好，都得依賴這些好事壞事本身的性質與脈絡；同時，最能明顯表現出我們對未來的偏見的就是痛苦與快樂，而我們又認為苦樂是純粹的感覺感受，完全沒有或幾乎沒有任何認知性內容，不是體驗其他具有獨立價值之事件或世情的方式。即使我們說悲痛有時確實會造成肉體上的痛苦，但我還是會比較希望「為朋友之死悲痛」這種事等未來再發生，而不是過去就歷經此事。[20]除了純粹苦樂感受的例子之外，我們實在看不出我們對未來還會在什麼情況下抱持偏見。[21]

不過，我們至少還有一種重要的情況會流露出這種偏見，也就是在關於自己不存在世上的情況裡會如此。我們對自己未來終將不存於世會感到煩惱，但我們對自己過去不存於世卻從沒這種苦惱。盧克萊修（Lucretius）說得好，我們對自己在出生前不曾存在的這件事再怎麼感到不快，也比不上我們對死亡的恐懼來得強烈。我們對自己不存在世上這件事的感覺就跟對痛苦的感覺一樣，寧可它過去如此，而不願將來發生；而我們對於自己的存在就像對快樂的感覺一樣，會希望未來仍有，不要只有過去如此。

不過，這些話都有些但書。當然，確實是有很多人怕死怕得要命，但是我從不知道有誰會對自己在出生前不存於世這回事感到難過不快。[22]但要說我們比較希望自己過去不存於世、希望自己未來仍會存在，這宣稱也太過草率。假設有人告訴我有一種神祕方法，能夠拿我前半生的四十年換取將來四十年額外的壽命，而且健康無虞、身心強健，只不過還是會照樣日漸衰老。這時，如果我對死後不存在一事要比出生前不存在更恐懼，那我肯定興高采烈地依計行事。但是，既然這樣一來會完全消除我前半輩子這四十年的存在，我也會喪失人生中最重視的許多事物，包括在這半輩子裡遇到的所有人，所以我大概就不會照辦不誤了。就算我確信自己在未來建立起的關係人脈，能與我現在即將失去的重要關係同樣多，甚至還更多更廣，我也不會接受。這就證明了我對出生前不存在的偏好並不是毫無條件、毫無限制地勝過我對於死後不存在的想法。其他人——尤其是在人生前幾十年裡沒有建立起什麼深厚關係的那些人——在這種情形裡也許會做出不同選擇，但是只要有人拒絕做這種交換，就可以推論出在自身存在這件事情上，我們對未來的偏好並不像乍看之下那麼毫無限制。更詳細地說，這種偏見會受到過去依附關係所限制。即使我們害怕死亡，而且對自己出生前並不存在毫不介懷，但我們總不免會希望繼續維持我們過去的人生以及伴隨而來的種種依附依戀，不願接受以抹消過去的存在換取將來額外壽命的這項交易。[23]

我們現在可以逐漸看見一幅圖像：我們對時間和價值的態度構成了一片複雜的網絡。我們不會對樣樣事情都採取時間中立的態度，但是我們也不會一味偏好過去或未來。我們會有一部分保守傾向，因為我們與既存價值物的依附關係本身會提供我們一些理由，這是未來的價值物辦不到的事。但是我們還有與這份保守傾向並存，而且也同樣強烈的創造傾向。我們對於純粹的苦樂感覺會展現出明白的時間偏見，但是這份偏見並不適用於我們人生中的種種好壞。我們雖然非常害怕死亡，而且大多對出生前的不存在毫不在意，但我們並非毫無限制、毫無條件地偏好「自己不存在」這件事是發生在過去而非將來。

這些偏好與傾向之間顯然有各式各樣的互動形式，比方說，我們對既存事物的依附會以對未來事物的依附所不能的方式提供理由，這件事就有助於解釋我們對「自己不存在」的時間偏好為什麼會有所限制。同樣地，我們對既存事物的依附會提供理由這件事，也有助於說明我們在苦樂感覺上的時間偏好為什麼無法延伸適用到人生中其他的種種好壞。要描繪出我們對時間與價值所持態度的完全面貌是項大工程，不是我在這裡力所能及。但是即使沒有詳細地圖在手，將關於未來世代的問題放在這些主題的廣大脈絡裡，也許能讓人有些眉目，而這就是我底下的簡短結論所要達成的目標。

想想未來世代：重新比較不同觀點

帕菲特在討論我們對未來的偏見時，特別聚焦在這種偏見是否不理性，以及理性是否就必須採取完全時間中立的立場這兩點上。他並未明確表示立場，不過倒是說了這種偏見對我們不利，要是我們沒有這偏見就好了。[24]我不認為他這說法正確，但是我這裡並不打算對這份懷疑窮究到底。不過，這已經足夠說明我不認為他這種關於時間中立的看法堪稱適當，就算他這立場只限用於苦樂存亡上，這立場對於我們其他價值與依附關係的影響也非他所想。雖然我強調過我們對未來的偏見有其限制，但我對於時間中立派說理性會要求我們徹底根絕或克服這種偏見的講法仍不免滿腹疑竇。[25]我相信這是我們在面對實際思考的紛亂複雜時，特別該擔心以簡化的理性模型，將各種頑強的態度一律打成理性缺陷的眾多情況之一。

當然，大家都知道，認為時間中立是理性的預設立場，凡是偏離此標準都需要特殊證成理由的這個觀點，以及認為無私的慈善是道德的預設立場，有違者皆需特殊證成的觀點，兩者彼此映照，並行不悖。[26]前一個觀點以時間中立為預設權威，要是我們流露出對某個時刻所發生的事情比其他時刻更關心的一丁點傾向，它都要疑心重重。第二種觀點以對所有人的福祉抱持平等關懷為預設的道德立場，我們要是有一絲特別重視與某些人的關係或特別在意某些人的命運，它都會分外猜疑。

我反對這兩種觀點。我承認我們對時間的態度就是複雜萬分，我們對時間就是沒有單一的主要態度：我們不會一味地偏好過去，也不會一面倒地傾向未來，更不會永遠保持中立。我也承認我們對某些特別的人事物就是會有強烈的價值依附，而且這些依附關係便是我們在行動上有所差別的理由，也是使我們因不同對象而有差別情感的緣由。

我會這麼想，與我在第四章中對兩種關心未來世代的思考方式所做的對照比較脫不了關係。在第四章提過的那些問題上，結合時間中立派與道德中立派的看法，多少都會直接帶向尋找能夠解決人口倫理學問題的慈善原則一途。乍看之下，這樣的原則似乎是我在第一章所討論的時代本位主義所亟需的完美解方。但是我在這整本書裡已經努力釐清，這種解法只是幻覺，一旦我們留心看待人類價值與依附關係的豐富多樣，以及我們對時間所持的複雜態度（其中還有許多尚待理解探究的內容），那種中立派的辦法就黯然失色了。

這樣一來，很容易就會以為我們再也沒有關心未來世代命運的理由了。絕大多數主張慈善觀點的文章都隱隱教人這樣想，雖然那未必是作者本意。不過，我在這本書裡力圖證明實情絕非如此。我們若能擺脫「對人類未來的任何關懷，都必定要建立在某種未定的一般慈善原則上」這想法，就能明白我們其實還有好幾種希望未來世代存活興旺的不同理由，而這些理由的根本乃是因為我們是有血有肉的人，會建立起實實在在的依附關係。既然這些理由仰賴我們既有的價值與依附關係，以及我們對價值的保守傾向，便不免要和道德中立派與時間中立派分道揚鑣了。然而，我們若要辨識出為後代操心最強烈、最深刻的理由，那我們就必須深究這些分歧，而不是詳察各種中立派的慈善主張。這是我在這本書中要證明的。至少，我希望能夠說服各位，除了光講慈善或主要只談慈善的觀點，或是只訴諸任何道德主張的作法之外，我們其實還有其他思考關於未來世代問題的路徑可循。如果擴展了視野，也許我們就會發現，自己其實擁有更多理由要好好替後代的命運操心。

註解

1. 柯亨〈搶救保守主義〉（"Rescuing Conservatism: A Defense of Existing Value," in R.J. Wallace, R. Kumar, and S. Freeman, eds., *Reasons and Recognotion: Essays on the Philosophy of T.M. Scanlon*, New York: Oxford University Press, 2011, pp. 203-30），p. 210。下文中凡引自該文處，皆於後頭以括號標示頁碼，不另加註。該文另一版本（所謂「全靈學院版」）收錄於麥可・大塚（Michael Otsuka）編輯的柯亨遺作文集《在他者中尋找自己》（*Finding Oneself in the Other*, Princeton, NJ: Princeton University Press, 2012）第八章。不過，大塚在該書序言中論及這兩個版本的差異之處並不影響我對柯亨立場的討論。

2. 柯亨將保守態度的根源區分為「個別物價值」（particular value）與「個人價值」（personal value）。對他來說，個別物價值就是使某個物品之所以是某個物品的性質，而個人價值則是某個物品因為與某人有所關聯而具有的性質。我在這一節開頭對柯亨觀點的摘要聚焦在他對個別物價值的說法，暫且不談個人價值，這不僅是因為個別物價值的說法較為簡潔，也因為我認為其中某些方面有些模糊不清。不過，我在底下註9會細談這兩類價值之間的關係。

3. 羅伯特．亞當斯（Robert Adams）在嘗試發展出一套可信的神義論（theodicy）時，也表達了與柯亨這套保守主義同樣的態度，他更直接談到了關於未來世代的問題。亞當斯寫道：「例如說，我就非常盼望能夠在人類最終被更優秀的物種取代時，繼續將人類保存下來，而且也同樣盼望我自己能夠存活下來。我也認為人會偏好某個特殊文明（例如中華文明、西方文明）或民族文化（比方說威爾斯文化）能夠保留下來、有些內在發展，而且就算明明知道這種延續會佔去某種可能更好的文明或文化發展所需的空間與資源，這也仍是好事一件，並不是什麼不完美的跡象。好人會接受沉重代價——而且，若他有權要求，有時候還會加諸於他人身上——只為了自己所愛之物，而且還未必是為了最佳事物如此。」（〈存在、利己與惡的問題〉["Existence, Self-Interest, and the Problem of Evil," *Noûs* 13(1979): 53-65]，p. 62）

4. 柯亨提到梅傑（John Major）時，心裡大概是想到了梅傑當首相時，在一九九三年四月二十二日對歐洲保守派團體的演講段落：「再過五十年，英國仍舊會稱霸板球場，還是有溫熱的啤酒、綠到不像話的原野、愛狗人士、撞球高手，還有——就像喬治·歐威爾（George Orwell）說的——『在晨霧中騎著單車去做禮拜的老太太』，而且如果我們幹得夠好——學校裡還是會繼續教莎士比亞。英國所有的根本菁華不會有絲毫減損。」全文見於：http://www.johnmajorarchive.org.uk/1990-1997/mr-majors-speech-to-conservative-group-for-europe-22-april-1993/

5. 正因如此，所以我十分贊同拉爾夫·貝德（Ralf Bader）在評論《在他者中尋找自己》一書時所做的結論，認為最好不要用價值論來理解柯亨的保守主義。貝德這篇書評刊於《聖母哲學評論》（*Notre Dame Philosophical Reviews* [April, 2013]），全文可於線上閱讀：https://ndpr.nd.edu/news/finding-oneself-in-the-other/

6. 我在註2中提過，柯亨區分了個別物價值與個人價值。他也因此區分個別物珍視（particular

valuing）與個人珍視（personal valuing）。但是對他來說，真正要緊的區分在於個別物與個人之間，不在價值與珍視行為之間。我相信柯亨在區分個別物與個人時所試圖掌握的（雖然不是全部，只有一部分）關鍵，用價值與珍視行為之間的差別來看會更明白。見底下註9。

7. 要是能夠對於「有所認識」有個比較完整的說法，當然更好，但是我此處無暇顧及。各位可以說我這裡的用法是不正式的口語俗稱，不是知識論和心靈哲學那種從羅素（B. Russell）〈認識之知與描述之知〉（"Knowledge by Acquaintance and Knowledge by Description," *Proceedings of the Aristotelian Society* 11[1910-11]: 108-28）以來的精細講法。至於依附關係和認識與否的倫理意義，可參見奇蘭．謝提亞（Kieran Setiya）近期發表的一系列文章：〈論回顧〉（"Retrospection," *Philosophers Imprint* 16, No. 15[2015]）、〈論他人〉（"Other People," [unpublished draft]）與〈不識、慈善與權利〉（"Ignorance, Beneficence, and Rights," [unpublished draft]）。

8. 克譚・拉馬克里希南（Ketan Ramakrishnan）給了我這個例子。

9. 然而，由於我所描述的保守傾向立基於依附關係上，所以我們對自己並無依附的既存價值物就不會有這種保守傾向了。假如真的出現柯亨可能相信的情況，我們的保守傾向也涵蓋自己無依附的既存價值物，那這裡肯定就要有不同的說明。而我們也確實有個相關的詮釋切入點，因為我所描述的保守傾向立基於依附關係上，所以若套用柯亨的分類架構來談，也就是完全屬於「個人價值（與評價）」一類，而非「個別物價值（與評價）」。我們先前介紹過，柯亨所謂的個別物價值就是使一個個別事物之所以是該個別物品的性質，而個人價值則是這個事物因為與某個人有關聯而具有的東西。同樣地，個別物珍視評價就是照該事物本身是什麼來評價該事物，而個人評價就是以個人與該事物之間的關係來評價該事物。但若照我的說法，評價行為永遠都會包含關係成分，所以大概也就永遠都算是柯亨的「個人評價」了；而柯亨所謂的「個別物評價」在我的主張裡也永遠不能算是任何形式的評價行為，比較像是「知其可貴」。不過，評價行為在我的講法中，除了關係成分之外，還包括了相信該事物確實可貴的信念，而柯亨的個人價值（與評價）則不包括這點。對他來說，具有個人價值的事物並不需要任何內在價值（p. 207）。所以儘管柯亨可能會將我所談的評價行為歸為個人評價，認為我所談的保守傾向則是由個人評價的獨有特徵衍生而來，但是他所談的個人評價倒未必就是我所謂的評價行為。換句話說，我所謂的評價行為橫跨了柯亨的個別物評價與個人評價，而且始終都包括了關係成分與相信該價值事物確實可貴的信念。不帶任何關係成分的「個別物評價」或不認為該價值事物確實可貴的「個人評價」，都不在我所談的評價行為之列。

10. 關於安於現狀偏見以及如何辨識、消除這種偏見的討論，見尼克・波斯崇（Nick Bostrom）與陶比・歐德（Toby Ord）〈反轉測試：在應用倫理學中消除安於現狀偏見〉（"The Reversal Test: Eliminating Status Quo Bias in Applied Ethics," *Ethics* 116[2006]: 656-79）。柯亨在他自己的文章裡（p. 229, fn. 31）說波斯崇與歐德所設想的辦法不能拿來反駁他的保守主義，然而，喬納森・普夫（Jonathan Pugh）、蓋・卡漢尼（Guy Kahane）與朱利安・沙弗勒斯庫（Julian Savulescu）在〈柯亨的保守主義與人類改造〉（"Cohen's Conservatism and Human Enhancement," *Journal of Ethics* 17[2013]: 331-54，at 338, fn. 13）

一文中認為柯亨根本無法避免落入「安於現狀偏見」的批評。同時，雅各．尼貝爾（Jacob Nebel）在〈安於現狀偏見、理性及價值保守主義〉（"Status Quo Bias, Rationality, and Conservatism about Value," *Ethics* 125[2015]: 449-76）一文中，也論稱柯亨的保守主義確實表現出安於現狀偏見，但也正因如此表現，所以證明了這種偏見並不算不理性。

11. 關於超脫依附這種理念所引發的種種相關討論，見雪倫．史翠（Sharon Street）〈倫理學建構主義，並談依附與失落〉（"Constructivism in Ethics and the Problem of Attachment and Loss," *Proceedings of Aristotelian Society Supplementary Volume* 90[2016]: 161-89）。

12. 帕菲特《理由與人》第八章。

13. 見布魯克納與費雪，〈死亡哪裡不好？〉（"Why Death Is Bad?," in Fischer ed., *The Metaphysics of Death*, Stanford, CA: Stanford University Press, 1993, pp. 221-9）。

14. 同前註，p. 225。並見卡斯帕·黑爾（Caspar Hare）〈時間——論情感的不對稱性〉（“Time – The Emotional Asymmatry,” in Heather Dyke and Adrian Bardons ed., *A Companion to the Philosophy of Time*, John Wiley & Sons, Inc, 2013, pp. 507-20, esp. section 2）。

15. 《理由與人》，p. 172。

16. 見羅伯特·諾齊克《無政府、國家與烏托邦》（*Anarchy, State, and Utopia*, New York: Basic Books, 1974, pp. 42-5）。

17. 傑夫·麥克馬翰（Jeff McMahan）在〈盧克萊修論證〉（“The Lucretian Argument,” in R. Feldman, K. McDaniel, J.R. Raibley, and M.J. Zimmerman, eds., *The Good, the Right, Life and Death: Essays in Honor of Fred Feldman*, Aldershot, UK: Ashgate Publishing, 2006, pp. 213-26）中修改了帕菲特原本的例子來談論我們對成就的看法。

18. 也許有人會說在這些情況中的反向偏好（reverse preferences）其實和我們對未來的偏好彼此相容，因為發生在過去的半體驗性好事和壞事，都能當成未來欲求或厭惡的經驗來源。比方說，假如我們過去畫了五幅傑作，這可能是我們未來感到驕傲和滿足的源頭；同樣地，要是我們的權利在過去遭到五次損害，就可能是未來憤怒與恥辱的根源。所以寧可在過去畫五幅好畫而非在未來有一張傑作，或是寧可未來遇上一次權利受損也不願過去有五次這種經驗，其實都可以用對未來有所偏好來解釋。在第一個例子裡，我們是認為知道自己過去的較大成就而非（最後）知道自己將來相對普通的成就，會讓我們在未來有更愉快的體驗；在第二個例子裡，我們是認為知道自己曾遭多次中傷比（最後）知道自己將來較少受害更容易帶來不好的經驗。所以我們的「反向偏好」——也就是在過去畫五幅傑作、自己的權利在未來受一次侵犯——至少能說與對未來的偏好相容（甚至可說是展現出這種偏見）。也就是說，我們會希望盡量增加未來的愉快經驗、減少未來的痛苦經驗，就算會因此無法令人生有較多的愉快經驗或較少的痛苦經驗，我們也在所不惜。但是我們要注意，這個論證裡所說的愉快經驗與痛苦經驗——一邊是驕傲和滿足，一邊是憤怒與恥辱——其實本身都是我們對某些非體驗性的事實所生的反應：一個是關於我們的成就，一個則是關於於我們遭受的欺侮。這些經驗預設了對我們來說，好事壞事是真實發生的事，而非僅僅只是我們對於發生之事的體驗。而我們在這些情況裡所表現出來的反向偏好證明了兩點：在第一種情況裡，我們會希望過去發生的好事較多，而非未來的好事較少；在第二種情況裡，我們會希望未來遭遇的壞事較少，而非過去的壞事較多，這就意味著我們對這些好事和壞事其實並沒有偏好未來的偏見。更何況，有很多人即使知道自己到最後根本不會察覺或不記得這些事情，他們還是會有這種反向偏好。舉例而言，就算他們知道自己不會知道或不會記得自己的成就，他們還是會希望是在過去畫了五幅好畫，而非要等到未來才畫出一幅傑作，這樣的偏好看起來可就與偏好未來的偏見格格不入了。

19.《理由與人》，p. 172。

20. 我們當然還是可以進一步檢驗這種偏好，要求按照帕菲特那個醫院手術的例子的精神來修改。不過，單從皮肉之痛與喪友之痛之間的差異來說，我們實在很難從手術的例子建構出什麼能夠深入解釋這種偏好的可信案例。充其量只能說：要是非得二選一的話，比起因一名好友即將死去而感到悲痛萬分，我當然不會更寧可接受最近才歷經五位至交相繼過世的沉重打擊。

21. 相關討論見大衛・布林克（David Brink）〈尋求時間中立性〉（"Prospect for Time Neutrality," in C. Callender, ed., *The Oxford Handbook of Philosophy of Time*, Oxford: Oxford University Press, 2011, pp. 352-81, at p. 378）與卡斯帕・黑爾的〈時間——論情感的不對稱性〉。

22. 不過，倒是可以想想納博科夫（Nabokov）《說吧，記憶》（*Speak Memory*）的驚人開頭：「搖籃在深淵之上搖啊搖。常識告訴我們：存在不過是一道光縫，稍縱即逝，前後俱是黑暗的永恆。人凝視自己出生前的那個深淵，總是平靜得多，不像朝向另一個的時候（每小時心跳四千五百下）——儘管這兩個深淵有如孿生子。我知道有個得了時間恐懼症的年輕人，初次觀看自己出生前幾個禮拜拍攝的家庭生活影片，就非常驚懼。他看到了一個幾乎沒有改變的世界：同樣的房子，同樣的人，他卻不在那個世界裡，也沒有人因為看不到他而悲傷。他看見母親的身影出現在樓上的窗口。她揮揮手。這個陌生的動作就像某種神祕的告別手勢，讓他覺得焦慮不安。擺放在門廊的一部全新的嬰兒車更使他害怕。這嬰兒車有種傲睨自若、步步進逼的氛圍——就像棺材，雖然裡頭是空的。而他，彷彿已在事件逆向發展的過程中粉身碎骨。」（此處譯文摘自《說吧，記憶》大塊出版 [2007]，廖月娟譯）

23. 傑夫．麥克馬翰在〈盧克萊修論證〉中，同樣以人際依附的重要性說明為什麼即使明知早出生幾年表示壽命可能更長，但我們仍不會後悔沒早出生幾年。關於人際依附對我們回顧自身過往的重要性，可參見羅伯特．亞當斯的〈存在、利己與惡的問題〉、奇蘭．謝提亞的〈論回顧〉與R．J．華萊士（R.J. Wallace）的《此處觀點》（*The View From Here*, New York: Oxford University Press, 2013）。

24. 布魯克納與費雪（〈死亡哪裡不好？〉，pp. 223-4）說帕菲特的想法是這種對未來的偏見不算不理性，不過，帕菲特自己後來倒明說了他確實認為這種偏見不理性，只是講得不夠清楚而已（二〇一五年九月二十六日的私下對話）。

25. 關於主張這種偏見不理性的論證，可參見大衛・布林克〈尋求時間中立性〉、湯姆・道佛蒂（Tom Dougherty）的〈未來偏見與實踐理性〉（"Future Bias and Practical Reason," *Philosopher's Imprint* 15[2015]: 1-16）和普列斯頓・格林尼（Preston Greene）及梅根罕・蘇利文（Meghan Sullivan）合著的〈反對時間偏見〉（"Against Time Bias," *Ethics* 125[2015]: 1-24）。

26. 這層對仗就是西季威克（Sidgwick）在《倫理學方法》（*The Methods of Ethics*, pp. 418-9）中，對理性利己主義之一種反駁的基礎，也在帕菲特《理由與人》中反駁「利己理論」的論證裡扮演了關鍵要角。參見湯瑪斯・內格爾《利他主義之可能》（*The Possibility of Altruism*, New York: Oxford University Press, 1970）。

- Wood, Allen, *Fichte's Ethical Thought* (Oxford: Oxford University Press, 2016).
- Woodward, James, "The Non-Identity Problem," *Ethics* 96(1986): 804–31.

13(2010): 17–37.

- Thompson, Janna, *Intergenerational Justice* (New York: Routledge, 2009).
- Thomson, Judith Jarvis, "The Right and the Good," *Journal of Philosophy* 94(1997): 273–98.
- Thomson, Judith Jarvis, *Goodness and Advice*, ed. Amy Gutmann (Princeton, NJ: Princeton University Press, 2001).
- Wallace, R. Jay, *The View from Here* (New York: Oxford University Press, 2013).
- Wallace, R. Jay, "Value, Trauma, and the Future of Humanity," unpublished.
- Wells, Thomas, "Votes for the Future," *Aeon*, May 8, 2014.
- Williams, Bernard, *Shame and Necessity* (Berkeley: University of California Press, 1993).
- Winters, Ben H., *The Last Policeman* (Philadelphia, PA: Quirk Books, 2012).
- Wolf, Susan, *Meaning in Life and Why It Matters* (Princeton, NJ: Princeton University Press, 2010).

- Srinivasan, Amia, "Review of Scheffler, Death and the Afterlife," *London Review of Books* (September 25, 2014): 13–14.
- Street, Sharon, "Constructivism in Ethics and the Problem of Attachment and Loss," *Proceedings of the Aristotelian Society Supplementary Volume* 90(2016): 161–89.
- Sumner, Wayne, "Classical Utilitarianism and the Population Optimum," in R.I. Sikora and B. Barry, eds., *Obligations to Future Generations* (Philadelphia, PA: Temple University Press, 1978), pp. 91–111.
- Tännsjö, *Torbjörn, Conservatism for Our Time* (London: Routledge, 1990).
- Temkin, Larry, "Rationality with Respect to People, Places, and Times," *Canadian Journal of Philosophy* 45(2016): 576–608.
- Thompson, Dennis, "Representing Future Generations: Political Presentism and Democratic Trusteeship," *Critical Review of International Social and Political Philosophy*

Case for Environmental Conservatism (New York: Oxford University Press, 2012).

- Setiya, Kieran, "Retrospection," *Philosophers' Imprint* 16, No. 15(August, 2015).
- Setiya, Kieran, "Ignorance, Beneficence, and Rights" (unpublished draft).
- Setiya, Kieran, "Other People" (unpublished draft).
- Shiffrin, Seana, "Preserving the Valued or Preserving Valuing?," in Samuel Scheffler, *Death and the Afterlife* (New York: Oxford University Press, 2013), pp. 143–58.
- Shue, Henry, *Climate Justice* (New York: Oxford University Press, 2014).
- Shute, Nevil, *On the Beach* (Heinemann, 1958).
- Sider, Ted, *Four Dimensionalism* (Oxford: Clarendon Press, 2001).
- Sidgwick, Henry, *The Methods of Ethics*, 7th edition (Macmillan & Co., 1907; republished by Hackett Publishing Company, Indianapolis, 1981).

- Scheffler, Samuel, "Immigration and the Significance of Culture," *Philosophy & Public Affairs* 35(2007): 93–125, reprinted in *Equality and Tradition* (New York: Oxford University Press, 2010), pp. 256–86.
- Scheffler, Samuel, *Equality and Tradition* (New York: Oxford University Press, 2010).
- Scheffler, Samuel, "Valuing," in *Equality and Tradition* (New York: Oxford University Press, 2010), pp. 15–40.
- Scheffler, Samuel, "The Normativity of Tradition," in *Equality and Tradition* (New York: Oxford University Press, 2010), pp. 287–311.
- Scheffler, Samuel, *Death and the Afterlife* (New York: Oxford University Press, 2013).
- Schell, Jonathan, *The Fate of the Earth* (New York: Alfred A. Knopf, 1982).
- Schelling, Thomas, "Intergenerational and International Discounting," *Risk Analysis* 20(2000): 833–7.
- Scruton, Roger, *How to Think Seriously about the Planet: The*

- Ross, W.D., *The Right and the Good* (Oxford: Clarendon Press, 1930; rev. ed. 2002).
- Rubenfeld, Jed, *Freedom and Time* (New Haven, CT: Yale University Press, 2001).
- Russell, Bertrand, "Knowledge by Acquaintance and Knowledge by Description," *Proceedings of the Aristotelian Society* 11 (1910–11): 108–28.
- Scanlon, T.M., *What We Owe to Each Other* (Cambridge, MA: Harvard University Press, 1998).
- Scheffler, Samuel, "Agent-Centered Restrictions, Rationality, and the Virtues," *Mind* 94(1985): 409–19.
- Scheffler, Samuel, *Boundaries and Allegiances* (Oxford: Oxford University Press, 2001).
- Scheffler, Samuel, "Projects, Relationships, and Reasons," in R. Jay Wallace, Philip Pettit, Samuel Scheffler, and Michael Smith, eds., *Reason and Value: Themes from the Moral Philosophy of Joseph Raz* (Oxford: Clarendon Press, 2004), pp. 247–69.

- Parfit, Derek, *Reasons and Persons* (Oxford: Clarendon Press, 1984).
- Parfit, Derek, *On What Matters* (Oxford: Oxford University Press, 2011).
- Parfit, Derek, "Can We Avoid the Repugnant Conclusion?," *Theoria* 82(2016): 110–17.
- Pugh, Jonathan, Guy Kahane, and Julian Savulescu, "Cohen's Conservatism and Human Enhancement," *Journal of Ethics* 17(2013): 331–54.
- Rawls, John, *A Theory of Justice* (Cambridge, MA: Harvard University Press, 1971; revised edition, 1999).
- Rawls, John, *Political Liberalism* (New York: Columbia University Press, 1993).
- Rawls, John, *Justice as Fairness: A Restatement* (Cambridge, MA: Harvard University Press, 2001).
- Roberts, M.A., "Population Axiology," in I. Hirose and J. Olson, eds., *The Oxford Handbook of Value Theory* (New York: Oxford University Press, 2015), pp. 399–423.

- Nagel, Thomas, *The Possibility of Altruism* (New York: Oxford University Press, 1970).
- Narveson, Jan, "Utilitarianism and New Generations," *Mind* 76(1967): 62–72.
- Narveson, Jan, "Moral Problems of Population," *The Monist* 57(1973): 62–86.
- Narveson, Jan, "Future People and Us," in R.I. Sikora and B. Barry, eds., *Obligations to Future Generations* (Philadelphia, PA: Temple University Press, 1978), pp. 38–60.
- Nebel, Jacob, "Status Quo Bias, Rationality, and Conservatism about Value," *Ethics* 125(2015): 449–76.
- Nozick, Robert, *Anarchy, State, and Utopia* (New York: Basic Books, 1974).
- Nussbaum, Martha, "Duties of Justice, Duties of Material Aid: Cicero's Problematic Legacy," *Journal of Political Philosophy* 8(2000): 176–206.
- Owens, David, "Review of Scheffler, *Death and the Afterlife*," *The Times Literary Supplement* (February 21, 2014): 21.

- Kumar, Rahul, "Wronging Future People: A Contractualist Proposal," in A. Gosseries and L. Meyer, eds., *Intergenerational Justice* (Oxford: Oxford University Press, 2009), pp. 251–72.
- Lenman, James, "On Becoming Extinct," *Pacific Philosophical Quarterly* 83(2002): 253–69.
- McCarthy, Cormac, *The Road* (New York: Vintage Books, 2006).
- McMahan, Jeff, "The Lucretian Argument," in R. Feldman, K. McDaniel, J.R. Raibley, and M.J. Zimmerman, eds., *The Good, the Right, Life and Death: Essays in Honor of Fred Feldman* (Aldershot, UK: Ashgate Publishing, 2006), pp. 213–26.
- Misak, Cheryl, *Cambridge Pragmatism: From Peirce and James to Ramsey and Wittgenstein* (Oxford: Oxford University Press, 2016).
- Nabokov, V., *Speak Memory* (New York: Vintage International Edition, 1989).

507–20.

- Hauser, Oliver P., David G. Rand, Alexander Peysakhovich, and Martin A. Nowak, "Cooperating with the Future," *Nature* 511(July 10, 2014): 220–3.
- Heath, Joseph, "The Structure of Intergenerational Cooperation," *Philosophy & Public Affairs* 41(2013): 31–66.
- Hume, David. *Enquiry Concerning the Principles of Morals.*
- James, P.D., *The Children of Men* (London: Faber and Faber, 1992).
- Jamieson, Dale, *Reason in a Dark Time* (New York: Oxford University Press, 2014).
- Jefferson, Thomas, *The Papers of Thomas Jefferson*, ed. Julian Boyd, Volume 15 (Princeton, NJ: Princeton University Press, 1958).
- Kolodny, Niko, "Love as Valuing a Relationship," *Philosophical Review* 112(2003): 135–89.
- Kumar, Rahul, "Who Can Be Wronged?," *Philosophy & Public Affairs* 31(2003): 99–118.

- Frick, Johann, "On the Survival of Humanity," *Canadian Journal of Philosophy* 47 (2017): 344–67.
- Gardiner, Stephen, *A Perfect Moral Storm: The Ethical Tragedy of Climate Change* (New York: Oxford University Press, 2011).
- Gosseries, Axel, "Three Models of Intergenerational Reciprocity," in A. Gosseries and L. Meyer, eds., *Intergenerational Justice* (Oxford: Oxford University Press, 2009), pp. 119–46.
- Gosseries, Axel and Lukas Meyer, eds., *Intergenerational Justice* (Oxford: Oxford University Press, 2009).
- Greaves, Hilary, "Population Axiology," *Philosophy Compass* 12(2017), 12:e12442.
- Greene, Preston and Meghan Sullivan, "Against Time Bias," *Ethics* 125(2015): 1–24.
- Hare, Caspar, "Time—The Emotional Asymmetry," in Heather Dyke and Adrian Bardon, eds., *A Companion to the Philosophy of Time* (John Wiley & Sons, Inc., 2013): pp.

- Cohen, Joshua and Charles Sabel, "Extra Rempublicam Nulla Justitia?," *Philosophy & Public Affairs* 34(2006): 147–75.
- Coscarelli, Joe, "The Artist Providing the Canvas for Kanye West's 'Famous' Video," *The New York Times*, June 29, 2016.
- Davenport, Coral, "Optimism Faces Grave Realities at Climate Talks," *The New York Times*, December 1, 2014.
- Dougherty, Tom, "Future Bias and Practical Reason," *Philosophers' Imprint* 15(2015): 1–16.
- Eliot, T.S., *What is a Classic?* (London: Faber and Faber, 1944).
- English, Jane, "Justice Between Generations," *Philosophical Studies* 31(1977): 91–104.
- Foot, Philippa, "Utilitarianism and the Virtues," *Mind* 94(1985): 196–209.
- Frankfurt, Harry, *The Reasons of Love* (Princeton, NJ: Princeton University Press, 2004).
- Freeman, Samuel, *Rawls* (Abingdon: Routledge, 2007).

- Bowlby, John, *Attachment and Loss*, 3 vols. (New York: Basic Books, 1969–1980).
- Brink, David, "Prospects for Temporal Neutrality," in C. Callender, ed., *The Oxford Handbook of Philosophy of Time* (Oxford: Oxford University Press, 2011), pp. 352–81.
- Broome, John, *Climate Matters* (New York: W.W. Norton & Co., 2012).
- Brueckner, Anthony and John Martin Fischer, "Why is Death Bad?," in J.M. Fischer, ed., *The Metaphysics of Death* (Stanford, CA: Stanford University Press, 1993), pp. 221–9.
- Cohen, G.A., "Rescuing Conservatism: A Defense of Existing Value," in R.J. Wallace, R. Kumar, and S. Freeman, eds., *Reasons and Recognition: Essays on the Philosophy of T.M. Scanlon* (New York: Oxford University Press, 2011), pp. 203–30.
- Cohen, G.A., *Finding Oneself in the Other*, edited by Michael Otsuka (Princeton, NJ: Princeton University Press, 2012).

268–84.

- Beitz, Charles, "Cicero on Justice and Beneficence," unpublished draft of August 17, 2015.
- Benatar, David, *Better Never to Have Been* (Oxford: Clarendon Press, 2006).
- Bennett, Jonathan, "On Maximizing Happiness," in R.I. Sikora and B. Barry, eds., *Obligations to Future Generations* (Philadelphia, PA: Temple University Press, 1978), pp. 61–73.
- Birnbacher, Dieter, "What Motivates Us to Care for the (Distant) Future?," in Gosseries and Meyer, eds., *Intergenerational Justice* (Oxford: Oxford University Press, 2009), pp. 273–300.
- Boonin, David, *The Non-Identity Problem and the Ethics of Future People* (Oxford: Oxford University Press, 2014).
- Bostrom, Nick and Toby Ord, "The Reversal Test: Eliminating Status Quo Bias in Applied Ethics," *Ethics* 116(2006): 656–79.

參考資料

- Adams, Robert, "Existence, Self-Interest, and the Problem of Evil," *Noûs* 13(1979): 53–65.
- Anderson, Elizabeth, *Value in Ethics and Economics* (Cambridge, MA: Harvard University Press, 1993).
- Arrhenius, Gustaf, "An Impossibility Theorem for Welfarist Axiologies," *Economics and Philosophy* 16(2000): 247–66.
- Arrhenius, Gustaf, "Can the Person-Affecting Restriction Solve the Problems in Population Ethics?," in Melinda A. Roberts and David T. Wasserman, eds., *Harming Future Persons* (Dordrecht: Springer Verlag, 2009), pp. 289–314.
- Bader, Ralf, "Review of Cohen, *Finding Oneself in the Other*," *Notre Dame Philosophical Reviews* (April, 2013).
- Barry, Brian, "Justice Between Generations," in P.M.S. Hacker and J. Raz, eds., *Law, Morality and Society: Essays in Honour of H.L.A. Hart* (Oxford: Clarendon Press, 1977), pp.

Big Ideas
未來關我什麼事？

2022年2月初版　　定價：新臺幣380元

著者 Samuel Scheffler
譯者 邱振訓
特約編輯 陳冠豪
校對 鄭碧君
內文排版 李偉涵
封面設計 莊謹銘

出版者 聯經出版事業股份有限公司
地址 新北市汐止區大同路一段369號1樓
叢書編輯電話 (02)86925588轉5315
台北聯經書房 台北市新生南路三段94號
電話 (02)23620308
台中分公司 台中市北區崇德路一段198號
暨門市電話 (04)22312023
台中電子信箱 e-mail：linking2@ms42.hinet.net
郵政劃撥帳戶第 0100559-3號
郵撥電話 (02)23620308
印刷者 文聯彩色製版印刷有限公司
總經銷 聯合發行股份有限公司
發行所 新北市新店區寶橋路235巷6弄6號2樓
電話 (02)29178022

副總編輯 陳逸華
總編輯 涂豐恩
總經理 陳芝宇
社長 羅國俊
發行人 林載爵

行政院新聞局出版事業登記證局版臺業字第0130號

本書如有缺頁，破損，倒裝請寄回台北聯經書房更換。　ISBN 978-957-08-6197-6 (平裝)
聯經網址：www.linkingbooks.com.tw
電子信箱：linking@udngroup.com

國家圖書館出版品預行編目資料

未來關我什麼事？/Samuel Scheffler著．邱振訓譯．初版．新北市．聯經．2022年2月．248面．14.8×21公分（Big Ideas）
譯自：Why worry about future generations?
ISBN 978-957-08-6197-6（平裝）

1.CST：社會倫理　2.CST：責任　3.CST：人性

195　　111000723